DEONTOLOGÍA DE LA ORIENTACIÓN Y SU PRAXIS SOCIAL EN VENEZUELA

PERCEPCIÓN, MOTIVACIÓN Y CONDUCTA EN LA INTERVENCIÓN DE ORIENTACIÓN

ISBN: 9798686260450

Dr. Gabriel Villa Echeverry
Profesor Ordinario Titular de la Facultad de Humanidades y Educación
LUZ - La Universidad del Zulia.
Orientador Certificado N° 01 - FAVO-NCC-Venezuela

AGRADECIMIENTOS

A Dios que me llamó a la vida y a lo largo de ella, me ha acompañado a construir un camino de descubrimiento y construcción de la Orientación como disciplina y profesión y ahora me permite compartir esta experiencia con los lectores del presente trabajo.

A mi hermana Amparo y al Economista Omar Pinzón que con su dedicación y aprecio me apoyaron incondicionalmente para poder hacer realidad este sueño contemplado por muchos años. Así como a mis hermanos y sobrinos en Pereira, Dos Quebradas y Armenia en Colombia.

A mis colegas Orientadores y profesionales de la conducta del Centro de Orientación de la Facultad de Humanidades y Educación de La Universidad del Zulia, del Postgrado de Orientación y del Departamento de Psicología que desde 1981 me han acompañado en este maravilloso recorrido de descubrimiento y construcción.

A mis compañeros de Junta Directiva Nacional de la Federación de Asociaciones Venezolanas de Orientadores y de Mesa Técnica interministerial por su apoyo incondicional en la lucha por el desarrollo y consolidación de la Orientación como disciplina y como profesión en Venezuela, visión compartida que ahora se presenta en esta obra.

A mi esposa Nancy, Mis hijos Nancy Gabriela y Gabriel Antonio y su esposa Vanessa y a mis nietos Ricardo, Crystal, Verónica y William por su apoyo incondicional a lo largo de mi carrera, llenándola de afecto y sentido.

A mis compañeros de equipo interdisciplinario Dra. Ginger del Valle Pérez, Dra. Norma Yañez y Dr. César Ramos Parra por su apoyo incondicional en mi labor extensionista y de investigación en la Universidad del Zulia.

A mis colegas Líderes de la orientación en especial, Edelmira Duarte de Acquaviva, Francis de Conell, Carmen Padilla, José Morales y Rosita Colménter, con quienes aprendí que para construir caminos debemos tener los pies en tierra, la Orientación en la mente y Dios en el corazón, y ahora en la casa del Padre intercedan por la Orientación y su praxis en Venezuela.

A todos, gracias.

El Autor

INTRODUCCIÓN

En el concierto de las disciplinas y su praxis social, la Orientación es una profesión de relativa novedad. Sus antecedentes se remontan a la década de los años treinta en la mayoría de los países de América latina, cuando profesionales de la orientación, especialmente de España, llegaron buscando una mayor y mejor estabilidad política y económica, en los momentos de la guerra civil en su país y previa a la segunda guerra mundial.

Su práctica profesional se desarrolló inicialmente en el área vocacional - laboral y en los contextos organizacionales en medio de una economía en los albores de un desarrollo industrial que empezaba a incidir en la expansión y crecimiento urbanístico de las capitales de provincia y franca emigración de los campos buscando mejores condiciones en el desarrollo de las industrias nacientes.

Esta experiencia rápidamente evolucionó hacia el contexto educativo, para el desarrollo de procesos de selección de alumnos en carreras cuyos perfiles profesiográficos requieren de servicios del profesional experto en el área vocacional.

Luego en ambos contextos surgen los requerimientos de la orientación personal para dar respuesta a situaciones asociadas con conflictos de conducta de la persona en su relación con el entorno psico-social.

Estos procesos de desarrollo de la profesión se dieron simultáneamente con la necesidad de formación de un mayor número de profesionales y la matriz de opinión en favor de su incorporación como talento humano al servicio de las instituciones educativas y de las organizaciones empresariales.

En el caso de Venezuela el documento formal de su creación se encuentra en el Estatuto Provisional de la Educación, de la Junta de Gobierno de fecha 25 de mayo de 1949 en el Artículo 181 y 184 mediante los cuales se crea el departamento de Psico-Pedagogía en la Sala Técnica del Ministerio de Educación.

A este departamento, se le asignaron funciones puntuales que habrían de servir para desarrollar en el tiempo las condiciones técnico-administrativas que sirvieron de base, para el desarrollo de la estructura en el Ministerio de Educación, de lo que conocemos hoy como División de Protección y Desarrollo Estudiantil, en el Ministerio del Poder Popular para la Educación y Dirección General de Ingreso a la Educación Universitaria y Desempeño Estudiantil, en el Ministerio del Poder Popular para la Educación Universitaria.

Esta profesión, de acuerdo con lo antes señalado tiene un origen y desarrollo que se ubica en el período comprendido en los últimos setenta (70) años, en Venezuela y la Asociación Internacional de Orientadores Educativos y Profesionales (AIOSP) que asocia a los Orientadores del mundo, en septiembre de 2020 celebra sesenta y nueve (69) años. Es por esto que es una profesión relativamente nueva.

En la presente obra se describe en primer lugar en que consiste, cuál es su naturaleza, como se estructura, sus principios, sus contextos, sus áreas, el perfil del profesional de la orientación, sus funciones, su relación con otras profesiones.

En segundo lugar, siendo una profesión de la Conducta Humana, es fundamental entender el origen de ella y cómo se desarrollan los procesos que la causan, toda vez que de ello depende la fundamentación para el estudio y comprensión de los conflictos que se pueden presentar en ella y que determinan la justificación para la intervención del profesional de la conducta. Es por esto que en el capítulo dos, se abordan los temas relativos a las bases biofísicas y bioquímicas de la conducta, los procesos de la sensación y la percepción, a través de los cuales las personas internalizan el entorno.

El capítulo tres es de particular importancia, por cuanto describe los procesos de la motivación y la conducta como respuesta de adaptación a su entorno. Y en consecuencia punto de partida para las distintas teorías que estudian y explican los diversos conflictos que se pueden presentar en ella. La presentación de las diversas teorías, no es objetivo de la presente obra.

En el cuarto capítulo se aborda el estudio de la praxis social de la orientación en el estudio y comprensión de las posibles causas y la naturaleza del conflicto, su nivel, área y contexto y el estudio sobre los factores incidentes y la búsqueda de la teoría que mejor la explique y que pueda servir de fundamentación científica y técnica para el diseño de la intervención y selección de las estrategias a utilizar en el desarrollo de la intervención del caso.

En el capítulo quinto se establece la relación y diferencia con disciplinas afines en la multi – inter y transdiciplinariedad para la praxis social de la Orientación.

En el capítulo sexto se aborda el tema de la teleología de las teorías de la personalidad en sus disciplinas de origen y el uso de ellas en la fundamentación teórica y técnica de la intervención en Orientación, las implicaciones Éticas y epistémicas al hacerlo para el Profesional de la Orientación.

En el Capítulo séptimo, de manera puntual. el autor señala el proceso de origen y de consolidación de la visión de la Orientación y su praxis social en Venezuela a través de los Encuentros Nacionales de Orientadores, de los Congresos Venezolanos Interdisciplinarios de Orientación, de los eventos internacionales de

Orientación y Finaliza el capítulo con un análisis de lo que ocurre en el momento actual.

Finalmente, el autor hace un análisis general conclusivo y señala la bibliografía consultada.

Preguntas claves

El desarrollo de los temas que en la presente obra nos ocupa, encuentra alternativas que abren con frecuencia, posibilidades de secuencias diversas en muchos puntos, razón por la cual la formulación de interrogantes claves, sirve de hilo conductor que facilita el estudio y comprensión para el seguimiento en el abordaje de cada uno de los temas expuesto.

ÍNDICE GENERAL

CAPÍTULO III.

LA MOTIVACIÓN Y LA CONDUCTA

CAPÍTULO IV.

LA INTERVENCIÓN DE LA ORIENTACIÓN

CAPÍTULO V.

LA MULTI, INTER Y TRANSDISCIPLINARIEDAD

CAPÍTULO VI.

TELEOLOGÍA DE LAS TEORÍAS QUE FUNDAMENTAN LA INTERVENCIÓN

CAPÍTULO VII.

LA ORIENTACIÓN EN VENEZUELA.

CAPÍTULO I

DEONTOLOGÍA DE LA PRAXIS DE LA ORIENTACIÓN.

1.- ¿Qué es la deontología y cuál es su importancia?

Etimológicamente, la raíz ONTOS en el griego antiguo, es la naturaleza de los seres, y la raíz LOGOS, también del griego antiguo, es el estudio o tratado de un tema o realidad en observación. En consecuencia, se refiere al estudio y comprensión de la naturaleza de un tema o realidad en observación.

El estudio deontológico, permite establecer los límites y los alcances de la realidad en observación, esclarece la comprensión de su estructura y funcionamiento y las relaciones con su entorno. De allí su importancia.

En el caso que nos ocupa en la presente obra, en toda profesión, su respectivo Código de Ética, es el documento fuente que mejor sirve para conocer el deber ser y en consecuencia la naturaleza de la profesión, desde una perspectiva compartida por todos los actores que la practican. Son los mismos profesionales de una disciplina, quienes por consenso establecen el deber ser de su praxis social y acuerdan el acatamiento de ello en su praxis profesional. Es por esta razón que tomaremos como fuente principal para el presente estudio, el Código de Ética del Profesional de la Orientación.

En el marco del VI Encuentro Nacional de Orientadores y Orientadoras de Venezuela, realizado en junio de 1985 en la ciudad de Mérida, Los Orientadores Dra. Edelmira de Acquaviva, Dra. Carmen Guanipa, Dra. Aida Sandoval y M. Sc. Germán

Talavera, en nombre del COLEGIO NACIONAL DE ORIENTADORES, presentaron a consideración de la Asamblea General el texto del CÓDIGO DE ÉTICA, el cual había sido estudiado previamente, para su revisión y sugerencias de optimización, a nivel nacional y ahora en discusión de mesas de trabajo, fue aprobado por unanimidad y desde entonces fue asumido como la normativa de honor de la profesión de la Orientación en el País.

Nueve años más tarde, en el XIV Encuentro, celebrado en Río Chico, Estado Miranda, en junio de 1994, ante los peligros que amenazaban a la Orientación en el País, se nombró una Comisión Nacional que elaboró un proyecto de Reglamento del Ejercicio de la Profesión de la Orientación, el cual fue aprobado en el XV Encuentro Nacional, realizado en Maturín, Estado Monagas en junio de 1995 y presentado a consideración del Ministerio de Educación y del Consejo de Ministros, no contó con la anuencia de las Autoridades Nacionales.

De esa experiencia, los Orientadores y Orientadoras del país, guiados por sus líderes regionales, vieron la necesidad de crear la Organización Nacional de Orientadores y Orientadoras conforme a las disposiciones legales vigentes, que vele por los intereses académicos de los asociados y la permanente actualización profesional, que fortalezca los vínculos de unión gremial y defienda los legítimos derechos de los Orientadores y Orientadoras del País y en cada Estado, a través de las Asociaciones Estadales. Así nació en junio de 1996 en el XVI Encuentro Nacional en Valera, Estado Trujillo, LA FEDERACIÓN DE ASOCIACIONES VENEZOLANAS DE ORIENTADORES. FAVO.

En noviembre de 2000 en el Congreso Mundial de Orientación, celebrado en Valencia, Estado Carabobo, los profesionales de la Orientación pudieron ver su situación en relación a los demás países y la necesidad de actualizar el CÓDIGO DE ÉTICA DE LOS PROFESIONALES DE LA ORIENTACIÓN EN LA REPUBLICA BOLIVARIANA DE VENEZUELA y fue por ello que los miembros del Consejo Central de Orientación de La Universidad del Zulia, la Asociación de Orientadores del Estado Zulia y los Docentes Orientadores adscritos al Centro de Orientación de la Facultad de Humanidades y Educación de La Universidad del Zulia, asumieron el reto de preparar a partir del Código existente, la elaboración de una propuesta para su estudio y aprobación.

La propuesta, fue debidamente analizada en mesas de trabajo en los respectivos estados, y luego, los miembros de la Asamblea de Orientadores y Orientadoras participantes en el XXI Encuentro Nacional realizado en Guanare, Estado Portuguesa en junio de 2001, reunidos para tal fin, aprobaron el nuevo Código de Ética por unanimidad.

A continuación, y con la ayuda del cuestionario guía, analizaremos la visión consensuada de la Orientación presentada en este Código de Ética del Profesional de la Orientación en 2001 y vigente hasta la fecha para la praxis social de la orientación en la república Bolivariana de Venezuela.

2.- ¿Es la Orientación una disciplina con praxis social definida?

La evolución de la concepción de la orientación permite definirla como una disciplina, como tal, es un área de conocimiento enmarcado en las ciencias sociales dirigida al desarrollo del potencial del ser humano a través de la consulta y asesoría psicosocial en forma individual y/o grupal en cualquier etapa del ciclo vital.

Como disciplina la orientación se nutre de diversas áreas del conocimiento, entre otras: la educación, la sociología y la psicología; de esta última toma los enfoques sicológicos y los teóricos que describen y explican la personalidad; acoge los paradigmas de estos enfoques la estructura y la dinámica de las teorías, asumiéndose desde la perspectiva de la educación y la sociología.

Como profesión la orientación implícitamente está conformada por un conjunto de funciones y tareas dirigidas a satisfacer los requerimientos emergentes de los contextos donde el Orientador u Orientadora se desempeña en forma ética, ajustado o ajustada a los valores asociados a mejorar las condiciones de vida de los involucrados en el incremento de los recursos propios de las personas, contextos u organizaciones donde este ejerce su profesión, partiendo de la existencia y el respeto a las diferencias individuales contextuales.

En este orden de ideas, es importante la existencia de lineamientos generales que orienten y establezcan las normas para la conducta ética del profesional de la orientación, a fin de proteger y mantener su ejercicio profesional.

Estos lineamientos se concretan en el Código de Ética propuesto para los Orientadores y las Orientadoras de la República Bolivariana de Venezuela. cuyo objetivo fundamental es: establecer los parámetros del deber ser profesional de la Orientación, regulando su actuación en el desempeño de la misión orientadora, y de esta manera garantizar la eficiencia, eficacia y efectividad profesional. Promover acuerdos internos dentro del gremio, proteger al orientador en caso de presentar dificultades en el ejercicio de la profesión, incentivarlos a comprometerse y responsabilizarse con el mejor cumplimiento de su labor, revisar permanentemente la visión de la profesión, y en consecuencia de la formación de los profesionales, para dar respuesta oportuna y pertinente a los requerimientos de la sociedad y de limitar su campo de acción.

Es importante señalar, que los principios éticos tienen significados, solo cuando son interpretados a la luz de los valores básicos y en el contexto de las circunstancias en las cuales se aplican.

A continuación, analizaremos la evolución en el Concepto de Orientación, partiendo de la convicción de que los productos académicos u opiniones de los autores, por más importancia o relevancia que se les asigne, están sujetos a interpretación y libre aceptación entre los profesionales de la Orientación. Pueden ser tomados en cuenta o no. En cambio, los documentos normativos, por la autoridad que acompaña su origen, son de forzosa aceptación, hasta cuando surja un documento de igual o superior autoridad de origen que lo derogue. Además, la matriz de opinión que subyace en los documentos normativos, son fruto de un consenso, o de un especial estudio y análisis que hace posible su aceptación y cumplimiento sin afectación al poder que lo genera por rechazo o por evidente equivocación.

En los documentos normativos para la praxis social de la Orientación, es importante observar en su registro histórico, las transformaciones en su concepto, lo que permite una visualización de los avances, logros y alcances de la Orientación como Disciplina y como praxis social.

1983 – Resolución 111 del Ministerio de Educación del 01-06-83.

El ministro de Educación por disposición del ciudadano Presidente de la República y de conformidad con la Ley, resolvió que el día 17 de junio de cada año se celebre como "DIA NACIONAL DEL ORIENTADOR" y en la parte motivacional de la resolución se señala:

> "Por cuanto la orientación es un proceso mediante el cual se propicia y obtiene asesoramiento, asistencia, información, exploración y seguimiento en el educando, el educador, e integrantes de la comunidad." Res. 111 del M-E. 1-6-1983.

En este primer momento, para el Dr. Montilla, Ministro de Educación y el Dr. Luis Herrera Campin, Presidente de la República, es evidente la necesidad de reconocer la actividad realizada por los profesionales de la Orientación, a quienes separan en el que hacer educativo, como una profesión con reconocimiento y día propio para su celebración en cada aniversario de la primera Asamblea Nacional de Orientadores, realizada en Rubio, Estado Táchira el 17 de junio de 1981.

En la parte motivacional de la resolución, deja observar un concepto de la Orientación como UN PROCESO e identifica funciones y usuarios en el contexto educativo para los profesionales de la Orientación.

1985 – Código de Ética del Orientador.

Este documento fruto de trabajo en consulta nacional entre los profesionales de la Orientación y en Asamblea general aprobado por unanimidad, señala:

"Entendida la Orientación como un proceso de ayuda a personas normales para facilitar su autoconocimiento y desarrollo, promover el establecimiento de metas y la toma de decisiones, clarificar sus valores, el uso de sus recursos y el establecimiento de relaciones interpersonales y familiares provechosas" (1985 - Cap. II Código de Ética del Orientador).

Es fácil observar cómo se concibe la Orientación igual que en el primer documento, no como una suma de actividades o cumplimiento de tareas, sino como UN PROCESO que marca una característica esencial para la praxis social de la Orientación: Se trabajan Procesos, no tareas o actividades. El Orientador en consecuencia, es experto en PROCESOS, no hacedor de actividades. Las actividades de Orientación, deben ser parte y encuentran su motivo y su razón en los procesos.

Existe un elemento importante en esta categorización del proceso y es UN PROCESO DE AYUDA A PERSONAS NORMALES. Esta precisión hace de la Orientación, una profesión de ayuda y delimita su hacer en relación a la condición de conducta no patológica de los usuarios de su servicio.

De esta conceptualización de la Orientación se deriva una condición determinante para la praxis de la Orientación. El Orientador no atiende patologías, ni las diagnostica, ni las interviene. Esto es en Venezuela campo para otros profesionales y de la praxis social de otras disciplinas. En caso de encontrarse en su desempeño profesional con la posibilidad de ello, debe remitir el caso al Psicólogo Clínico o al Médico Psiquiatra para su diagnóstico y tratamiento.

Este concepto, además, señala teleología, direccionalidad al que-hacer del profesional de la Orientación y establece la razón y el motivo de la praxis social de la

Orientación: Para facilitar en el orientado, autoconocimiento y desarrollo, promover el establecimiento de metas y la toma de decisiones, clarificar sus valores, el uso de sus recursos y el establecimiento de relaciones interpersonales y familiares provechosas.

2001 – Código de Ética del Ejercicio Profesional de la Orientación.

En noviembre del año 2000 en Valencia, Estado Carabobo se realizó el IL Congreso Mundial de la Orientación con el auspicio de la Asociación Internacional para la Orientación Educativa y Profesional (AIOSP), Evento en el cual los orientadores del país, pudieron evidenciar su situación en relación a los avances de la Disciplina y de su praxis social de manera comparada y la necesidad de actualizar el Código de Ética vigente. En consecuencia, en Guanare, Estado Portuguesa, en el Marco del XXI Encuentro Nacional de orientadores, la Asamblea General de La Federación de Asociaciones Venezolana de orientadores, FAVO, aprobó El nuevo Código de Ética, en junio de 2001.

En este documento se señala una visión de la Orientación en la siguiente forma:

> "La Orientación es el conjunto de funciones y tareas cuyo propósito es generar el desarrollo de las potencialidades de las personas en cualquier campo de acción y guiarlas en su proceso de adaptación psicosocial ante los cambios evolutivos y eventos imprevistos. El trabajo del orientador u Orientadora está dirigido a personas que estén dentro de los límites de "normalidad", es decir, que sean capaces de hacer contacto con la realidad, darse cuenta cómo se afectan por esta y tomar decisiones al respecto." (2001- Art. 13 – Código de Ética del Profesional de la Orientación).

En esta definición, se continúa viendo la praxis de la Orientación como atención a procesos y se observan avances significativos en relación a la analizada en el documento anterior. En efecto, aquí sin dejar de ser una profesión de ayuda, la praxis de la Orientación se caracteriza en su direccionalidad más allá de la ayuda, a generar el DESARROLLO DE LAS POTENCIALIDADES DE LA PERSONA. Al mismo tiempo, apertura todos los contextos y resalta la función del Profesional e la Orientación en su rol de GUÍA EN EL PROCESO DE ADAPTACIÓN PSICOSOCIAL.

En la definición se señalan dos situaciones especiales en donde la labor del profesional de la Orientación es trascendente: La adaptación ante los cambios evolutivos y la adaptación ante los eventos imprevistos. En ambas situaciones el Orientador es impulsor, facilitador del desarrollo de las potencialidades de la persona.

En esta definición, además, se explica la condición de NORMALIDAD de las personas a las que el Profesional de la Orientación presta sus servicios, caracterizando al orientado como capaz de reconocer su entorno, darse cuenta de cómo se afecta al relacionarse con él, en consecuencia, ser capaz de tomar decisiones al respecto.

2005 – Proyecto de Ley del Ejercicio Profesional de la Orientación.

El Doctor George Vera y la Doctora Dorelys Jiménez, habiendo sido comisionados por la Junta Directiva Nacional de la Federación de Asociaciones Venezolanas de Orientadores FAVO, para la elaboración de una propuesta de Ley del Ejercicio Profesional de la Orientación y luego de consulta a nivel nacional, mediante mesas de trabajo con los orientadores en todos los Estados, presentaron para su aprobación el documento ante la Asamblea General de la FAVO.

De esta manera, en el marco del II Congreso Venezolano Interdisciplinario de Orientación en San Cristóbal, Estado Táchira, se discutió y aprobó por unanimidad el proyecto de ley, el cual no ha sido presentado ante la Asamblea Nacional para su estudio esperando la ley Orgánica de Educación. Pero una vez aprobada y promulgada esta Ley, se continuó en espera del trabajo final de la Mesa Técnica interministerial para el diseño del Sistema Nacional de Orientación y finalmente por la crisis nacional de la actual "situación país", debido a sus implicaciones político-legislativas.

En este documento fruto del consenso nacional entre los Orientadores del país, se tiene la siguiente definición:

> "La orientación es una disciplina aplicada de las ciencias humanas. Como disciplina proactiva, la Orientación trabaja con los procesos inherentes al desarrollo del potencial de las personas con miras a fortalecer y hacer más efectiva la evolución de tales procesos. La Orientación se nutre en forma interdisciplinaria obtiene y amplía sus conocimientos mediante el estudio formal e investigaciones empíricas sobre las personas y sus realidades intrapersonales, interpersonales, socio-históricas, y contextuales." (2005 – Art. 4 Proyecto de Ley del Ejercicio Profesional de la Orientación).

En esta definición los avances, son realmente de mayor importancia:

En primer lugar, se define como DISCIPLINA APLICADA DE LAS CIENCIAS HUMANAS. Y la caracteriza como CIENCIA PROACTIVA.

En segundo lugar, realza lo que en las definiciones anteriores se señalaba, respecto a la caracterización de la praxis de la Orientación y condición para el

Profesional de la Orientación, en el sentido de trabajar no en tareas ni acciones concretas desconectadas o separadas entre sí, en cambio trabajar con PROCESOS, en donde las tareas y las acciones tienen sentido y son parte de estos procesos.

Esta definición profundiza en la caracterización de los procesos y señala que son PROCESOS INHERENTES AL DESARROLLO DE LAS PERSONAS CON MIRAS A FORTALECER Y HACER MÁS EFECTIVA LA EVOLUCIÓN DE TALES PROCESOS.

En tercer lugar, esta definición señala el carácter interdisciplinario de la Orientación, en las fuentes que nutren sus conocimientos y el desarrollo de los mismos.

En cuarto lugar, la definición incorpora al concepto de la orientación, la actividad permanente del profesional de la Orientación, mediante el estudio formal e investigaciones empíricas sobre las personas y sus realidades intrapersonales, interpersonales, socio-históricas, y contextuales

2009 – Sistema Nacional de Orientación.

En abril del año 2008 El Ministerio del Poder Popular para la Educación y El Ministerio para el Poder Popular para la Educación Universitaria y la autorización del Gabinete Social del Consejo de Ministros, crearon la MESA TÉCNICA INTERMINISTERIAL para el diseño del SISTEMA NACIONAL DE ORIENTACIÓN.

El Ministerio del Poder Popular para la Educación Universitaria, se esforzó por reunir un equipo de expertos en Orientación del más alto nivel y de reconocida trayectoria académica y gremial del país. Al mismo tiempo, exigió que el fruto del trabajo recogiera mediante estudios de encuesta nacional, el pensar y sentir de los orientadores en ejercicio del país.

En consecuencia, la siguiente definición recoge, sin lugar a dudas, la visión actual de la Orientación en Venezuela.

"Es una praxis social dirigida a la facilitación de los procesos de desarrollo humano en las dimensiones del Ser, Convivir, Servir, Conocer y Hacer, en el contexto personal, familiar y comunitario a lo largo del continuo de la vida con la finalidad de potenciar talentos y de generar procesos de autodeterminación, libertad y emancipación en la construcción permanente del desarrollo y bienestar integral de las personas y sus comunidades".

Al trabajar el desarrollo humano desde los planes, programas y servicios, la Orientación centra su acción en la liberación de las capacidades emancipadoras de las personas en cuanto a sus talentos, sus posibilidades, sus necesidades y sus requerimientos de desarrollo. En consecuencia, desde la acción educadora de la orientación, los siguientes procesos ocurren para que tal desarrollo se haga realidad:

- ✓ Formación activa de la persona para la autonomía, la responsabilidad, la independencia y la participación activa en la atención de sus asuntos personales y sociales desde su realidad.

- ✓ Promoción del desarrollo de los procesos de pensamiento *crítico* de las personas en cualquier contexto; para la *liberación* de su potencial.

- ✓ Participación de las personas en acciones conducentes al *cambio* y la *autonomía* comunitaria.

- ✓ Identificación y desafío de cualquier forma de *opresión* y *exclusión* sobre la persona y la comunidad.

- ✓ Generación de saberes sobre cómo *funciona* la realidad personal en el contexto social y como *producir* cambios auto-dirigidos en ambos.

Fuente: (2009 – Sistema Nacional de Orientación – Pág. 18).

3.- ¿Cuáles son los principios generales que rigen la praxis social de la Orientación?

El ejercicio profesional de la Orientación desde su origen, ha estado centrado en el paradigma humanista, caracterizado por una relación única, de respeto reciproco. Relación en la cual, la comunicación facilita el cambio y la evolución del orientado, hacia una actitud libre, independiente y plena, que fomenta la expresión sincera de los pensamientos en un ambiente cálido, único y confidencial.

Esta relación está basada en los siguientes principios que la fundamentan y norman:

> Una fe profunda en los valores, la dignidad y las potencialidades del Ser humano. (2001- Art. 1 – Código de Ética del Profesional de la Orientación).

Este principio es fundamental. Marca y condiciona la actitud del profesional de la Orientación en su relación con el orientado. Exigiendo coherencia en su acción para respetar la dignidad de éste, en consecuencia: entenderlo, comprenderlo y apoyarlo en la potenciación de sus competencias desde los valores del orientado en una relación auténticamente empática, y al mismo tiempo en coherencia consigo mismo, dispuesto a no imponer sus creencias y valores en la relación profesional. Cuando puedan existir posiciones ideológicas o escala de valores irreconciliables, el profesional éticamente debe remitir el caso, tomando previsiones para la no afectación al orientado.

> Los servicios de Orientación, deben estar dedicados a prestar servicio Personal y educacional a la sociedad, resaltando los valores de solidaridad, comunicación, identidad nacional y el sentido trascendente de la existencia. (2001- Art. 2 – Código de Ética del Profesional de la Orientación).

Tanto la conducta profesional del Orientador u Orientadora, así como los programas que los Centros de Orientación o Dependencias en donde se desarrollan, deben estar fundados en la firme convicción del acatamiento y respeto a esta visión de la praxis de la Orientación. La cual se desprende de la naturaleza social que compromete al ser humano con su entorno, que lo identifica y lo hace responsable al punto de una real interdependencia con él y todo lo que en él existe.

> Los servicios de Orientación serán prestados al individuo en un Contexto social de respeto a los derechos humanos y en consecuencia signado por el respeto mutuo, no obstante, las diferencias ideológicas que pudieran existir. (2001- Art. 3 – Código de Ética del Profesional de la Orientación).

Este principio es derivación consecuente del primero, y profundiza y amplía la visión de la dignidad del ser humano hasta alcanzar la dimensión de sus derechos. El profesional de la Orientación en su hacer profesional debe ser garante de ellos y por todos los medios a su alcance debe propender por ello. Por lo tanto, en coherencia con estos principios, el profesional de la Orientación debe defender y luchar, si es necesario, por el respeto a los derechos humanos de las personas en su entorno, aún en el caso de sus oponentes ideológicos. Nada, ni nadie puede justificar la violación de los derechos humanos. Salvo las excepciones de ley garantizando el debido proceso.

> El proceso de Orientación gozará de confidencialidad por parle de los Profesionales de la Orientación. En el trabajo compartido con otros Profesionales, el Orientador o la Orientadora tiene la obligación de asegurarse que la información acerca de sus orientados, u orientadas, sea compartida sólo por aquellas personas del equipo interdisciplinario que conocen del caso, garantizando que utilizarán la misma con fines profesionales. (2001- Art. 4 – Código de Ética del Profesional de la Orientación).

En este principio descansa la credibilidad en la coherencia ética del profesional de la Orientación que se presenta como respetuoso de la dignidad humana y garante de los derechos humanos y en consecuencia, de ello depende la confianza del orientado para la libre exposición de su conflicto y la confianza en la responsable preparación profesional del Orientador u Orientadora para atenderlo, capaz de asumir las consecuencias a las que haya que afrontar para garantizar que el secreto se mantendrá al costo que fuere necesario.

Para afianzar el cumplimiento de este principio, su enunciado en el texto del Código de Ética sirve a los y las profesionales de la Orientación de argumentación en procedimientos legales para evitar la revelación de hechos conocidos en confidencia.

> Para ejercer la Orientación, los orientadores y orientadoras deberán poseer un conjunto de actitudes, conocimientos y destrezas, amparados por un título profesional otorgado por una Institución de Educación Superior con planes y programas de formación Docente que conforme a la ley lo licencie o faculte para ello, debiéndose inscribir en la organización nacional de orientadores a través de la Asociación de la entidad federal en donde labore o resida. (2001- Art. 5 – Código de Ética del Profesional de la Orientación).

En este principio se establece el perfil del Orientador u Orientadora. Más que precepto, que en realidad lo es, expresa la sólida convicción que debe animar al profesional de la orientación, en coherencia con los principios anteriores, de asumir con firmeza ética, el sagrado deber de formarse lo mejor posible para disponerse a intervenir profesionalmente con eficacia y eficiencia en lo que de él depende, en el desarrollo de los procesos de Orientación.

> El Orientador o la Orientadora, no debe adjudicarse o atribuirse de modo implícito, una idoneidad profesional que exceda los límites de su capacidad real, y es su responsabilidad, rectificar toda interpretación errónea de la misma, por parte de terceros. (2001- Art. 6 – Código de Ética del Profesional de la Orientación).

Este principio, derivado en coherencia de los anteriores, sirve de base en la praxis social de la Orientación, a la multi - inter y transdisciplinariedad. En efecto, el profesional de la Orientación respetuoso de la dignidad y los derechos del Orientado, conocedor de los límites y alcances de su profesión y de su deber de atención integral a las personas y a la comunidad a las que sirve, debe estar atento para solicitar los servicios de otros profesionales e instituciones, cuando se requiere y corregir las sobrevaloraciones que sobre él puedan darse.

> ➢ Las intervenciones en los servicios de Orientación, más que actos aislados, deben ser parte de procesos, como atención puntual dentro de un conjunto de actividades dirigidas a dar respuesta a las necesidades del orientado u orientada en su desarrollo integral. (2001- Art. 7 – Código de Ética del Profesional de la Orientación).

Las actividades que el profesional de la Orientación realiza, como parte del desarrollo de su intervención, se apoyan en una fundamentación teórica de un autor previamente estudiado y que explica mejor la naturaleza del conflicto, por lo tanto, se justifica su utilización en la intervención y por cuanto contribuye, según el diseño de ella, al logro de objetivos claramente propuestos, en consecuencia, se trata de procesos, no de actos aislados. Una vez más esto se deriva de la coherencia con los principios anteriores y el respeto a la dignidad y derechos del orientado.

> ➢ El Orientador y la Orientadora deberán comportarse con prudencia y objetividad en aquellas situaciones en que posean información que plantee serias dudas con respecto a la conducta ética de otros Orientadores u Orientadoras. (2001- Art. 8 – Código de Ética del Profesional de la Orientación).

No se trata de tolerancia cómplice con los posibles errores profesionales de un colega y mucho menos de una doble moral por falsa solidaridad con actos deshonestos. Se trata de ser consecuentes y coherentes con todos los principios antes señalados. Los profesionales de la Orientación son humanos y en consecuencia es posible que alguien en un momento dado pueda incurrir en errores.

Ante estos hechos, es necesario dar la oportunidad del debido proceso. Primero escuchar y analizar en privado con el o los colegas, las circunstancias y situaciones y evitar escándalos que puedan dañar su prestigio y buena fama y con objetividad, si se hace necesario, por su bien, el de los usuarios, el de la comunidad y el de la profesión, proceder ante el tribunal disciplinario.

> El profesional de la orientación debe incentivar al orientado u orientada, a tener el valor de decir la verdad, fortaleciendo el desarrollo de personalidad y el crecimiento de sí mismo para que pueda, si es su decisión, afrontar su entorno con asertividad. (2001- Art. 9 – Código de Ética del Profesional de la Orientación).

Este principio aplica de manera especial cuando la situación conocida en la intervención compromete seriamente los derechos humanos de terceras personas, las cuales deben conocer del caso para toma de decisiones en defensa de sus derechos seriamente comprometidos y cuya responsabilidad es del orientado.

El Orientador no puede dejar pasar o actuar como si no supiera las consecuencias violatorias de derechos de terceros, o simplemente sugerir acciones en tal sentido. Este principio compromete al profesional de la Orientación a ser garante de los derechos de los posiblemente afectados por desconocimiento de realidades que les puede afectar gravemente. En consecuencia, debe diseñar la intervención para potenciar el sentido de responsabilidad en el orientado, fortalecer el desarrollo de personalidad y el crecimiento de sí mismo, para que pueda, si es su decisión, afrontar su entorno con asertividad y comunicar a los afectados su verdad, y así ellos puedan tomar las decisiones del caso.

> La Orientación debe ser universal y democrática. En caso de discrepancia radical de valores y creencias o incompatibilidad radical de actitudes, el Profesional de la Orientación deberá remitir el caso, respetando el derecho del orientado u orientada a su individualidad como persona en una sociedad pluralista. (2001- Art. 10 – Código de Ética del Profesional de la Orientación).

Este principio es radical con los profesionales de la Orientación, en el sentido de exigir coherencia con todos los principios antes señalados. Como persona el Orientador u Orientadora, puede tener sus creencias, ideologías y militancias. Pero todo ello queda al margen de su praxis profesional. No puede éticamente comprometer su accionar profesional por ellas, Y si no puede hacerlo, debe remitir el caso.

Éticamente el profesional de la Orientación no puede ser activista de ninguna causa excluyente. En lo privado, personal, podrá tener sus particulares puntos de vista, pero en esta situación, deberá decidir a la hora de la confrontación con puntos de vista antagónicos, si remite el caso. El principio de respeto a la dignidad humana de las personas que sirve y sus derechos, le exigen conductas coherentes y en por lo tanto debe actuar de manera universal y democrática. Con todo lo que ello implica.

> La Orientación debe propiciar el desarrollo integral de la persona y además puede ser preventiva y/o remedial asistencial. (2001- Art. 11 – Código de Ética del Profesional de la Orientación).

Este principio hace del Orientador u Orientadora, sin dejar de ser un profesional de ayuda, un profesional potenciador del desarrollo humano. Este desarrollo de la persona, no está referido a un aspecto especial o particular de ella. No está determinado a una etapa de su vida, se trata de un desarrollo integral a lo largo de todo su ciclo vital, en todas las áreas de su actividad personal y en todos los contextos.

> La Orientación implica una relación única, en la cual el orientado o la orientada debe ser aceptado incondicionalmente. (2001- Art. 12 – Código de Ética del Profesional de la Orientación).

Finalmente, las características de la relación entre el profesional de la Orientación y el orientado, la praxis social de la Orientación vivida en coherencia con estos principios, genera condiciones que hacen de ella una relación especial. Entre ambos, la empatía y el raport son condicione para la comunicación del orientado en la confianza y sinceridad, que de otra manera no sería posible.

Es allí, en encuentro consigo mismo, en donde solo Dios y la persona entran, el Orientado permite que el profesional de la orientación llegue. Es en lo sagrado y sublime de esta relación, en donde la persona puede auto-conocerse mejor y potenciar su auto-desarrollo y tomar las decisiones trascendentes para la afrontar con éxito los conflictos en las relaciones con su entorno.

Para ello se requiere que la aceptación mutua se dé a plenitud. En consecuencia, que el Orientado u Orientada se sienta aceptada plenamente, sin juicios, ni prejuicios por el respeto a su dignidad y sus derechos, por parte del profesional de la Orientación. Por esto, este principio constituye uno de los tesoros más indescriptibles en la praxis social de la Orientación y permiten poder potenciar el desarrollo integral de la persona en su entorno psico-social. Acompañar al orientado u orientada en su toma de decisiones y ser testigo de su crecimiento personal.

4.- ¿Cuál es el campo ocupacional y los contextos para la praxis social?

DEL CAMPO OCUPACIONAL

El Orientador u orientadora puede laborar en institutos educacionales, públicos o privados de cualquiera de los niveles y modalidades del sistema educativo, centros de asistencia social, promoción juvenil, prevención del delito, empresas particulares y del Estado, unidades técnicas de atención a la familia, servicios penitenciarios, centros de entrenamiento en servicios (Educación Continua), cualquiera de los Ministerios existentes, Institutos que prestan servicios de recreación y deporte y prestar servicios particulares, haciendo uso del libre ejercicio de la profesión. En síntesis, puede prestar sus servicios en cualquier institución con posibilidades de propiciar el desarrollo del potencial humano. (2001- Art. 15 – Código de Ética del Profesional de la Orientación).

CONTEXTOS DE LA ORIENTACIÓN

El contexto es donde la experiencia tiene lugar y sentido, se hace concreta y específica, es decir, son los lugares en los cuales el orientador u orientadora desarrolla sus funciones y le da sentido a la experiencia de desarrollo del potencial del sistema humano al cual le presta sus servicios.

Los contextos se definen según su misión, entendiendo por misión la definición de la razón de ser de él mismo, estos contextos son: Educativo, organizacional, asistencial, jurídico, comunitario y cualquier otro que en el desarrollo de la profesión surja y se reglamente por la organización nacional de Orientadores. (2001- Art. 16 – Código de Ética del Profesional de la Orientación).

> **El contexto educativo** hace referencia a aquél en el cual se cumplen roles y funciones y se desarrollan tareas relacionadas con procesos de enseñanza-aprendizaje. (2001- Art. 17 – Código de Ética del Profesional de la Orientación).

> **El contexto organizacional** es aquél en el cual la misión está referida al cumplimiento de una función social a través de la generación de un bien o servicio que es producto de las relaciones laborales de un conjunto de personas. El énfasis en este contexto son las relaciones laborales. (2001- Art. 18 – Código de Ética del Profesional de la Orientación).

> **El contexto asistencial** se relaciona con instituciones cuya misión gira en torno a prestar servicios de apoyo en áreas vinculadas con la salud en su acepción más amplia. (2001- Art. 19 – Código de Ética del Profesional de la Orientación).

> **El contexto jurídico** se refiere a las instituciones cuya misión se vincula a la prestación de servicios relacionados con procesos jurídicos, tales como los tribunales de justicia, instituciones de protección del niño y del adolescente, consejo de protección del niño y del adolescente, entre otros. (2001- Art. 20 – Código de Ética del Profesional de la Orientación).

> **El contexto comunitario** abarca la gama de organizaciones o instituciones cuya misión está referida a producir bienes y servicios para el desarrollo de la comunidad local, regional o nacional, y cualquier otra organización que

fortalezca la participación comunitaria. (2001- Art. 21 – Código de Ética del Profesional de la Orientación).

> **El contexto deportivo** Se refiere a las instituciones u organizaciones en donde los deportistas de alta competencia, o profesionales del deporte desempeñan roles, tareas, y funciones asumidas como responsabilidad laboral. Lo que para las demás personas constituye fuente de distracción y descanso, para ellos en cambio, es fuente de responsabilidad y exigencia de productividad. (Asamblea General de FAVO. 20 de Julio de 2005 – San Cristóbal – Táchira).

5.- ¿Cuáles son las áreas de la Orientación?

ÁREAS DE LA ORIENTACIÓN

Las áreas de la Orientación están concebidas como centros o núcleos de abordaje de los procesos de consulta y asesoría; se definen tomando como criterio roles específicos asociados a tareas evolutivas importantes en el medio social. Estas son: La personal - familiar - social, académica, vocacional, laboral y recreativa - comunitaria. (2001- Art. 22 – Código de Ética del Profesional de la Orientación).

> **Área Personal - Familiar - Social**. Se define como aquella área cuya finalidad es propiciar el desarrollo de los procesos asociados con el rol de la persona, derivado de pertenecer a un grupo social, propiciando la comprensión de su "sí mismo" y de su entorno, con el fin de alcanzar y mantener la estabilidad psicológica y afectiva. Entre los procesos en esta área, se encuentran:
>   - ✓ **Desarrollo Psicológico**: Identidad personal: autoestima, torna de decisiones, estabilidad emocional: desarrollo psicosexual y potencia intelectual.
>   - ✓ **Desarrollo familiar**: prevención en el funcionamiento de parejas, orientación para padres e hijos, intervención en crisis familiar (divorcio, duelo, enfermedades terminales), desarrollo de la sexualidad.

✓ **Desarrollo Social**: relaciones interpersonales: familia, motivación al estudio y al trabajo: adaptación social: valores éticos-morales y actitudes. (2001- Art. 23 – Código de Ética del Profesional de la Orientación).

➤ **Área Académica**. Se define como el área cuyo énfasis de acción está vinculado con los procesos asociados al rol de la persona como estudiante o aprendiz y la finalidad es que la persona y / o el grupo pueda obtener el pleno desarrollo de sus potencialidades, a través de las actividades inherentes a sus procesos de aprendizaje. Entre los temas relacionados con esta área se encuentran: adaptación al proceso educativo, actitudes favorables para el estudio, desarrollo cognoscitivo, desarrollo del potencial creativo, rendimiento académico, asesoría a los docentes en ejercicio, e integración de la institución educativa con su entorno. (2001- Art. 24 – Código de Ética del Profesional de la Orientación).

➤ **Área Vocacional**. El área vocacional se define como aquélla cuyo centro de interés se asocia al rol de la persona como futuro trabajador o trabajadora y su práctica está destinada a prestar el servicio de asesoría, con la finalidad que cuando la persona tome decisiones inherentes a su vocación, lo haga bajo las mejores condiciones decisorias posibles. Entre los procesos en esta área se tienen: desarrollo vocacional, necesidades de estudio, madurez vocacional, preparación para el trabajo y actitud positiva hacia el trabajo. (2001- Art. 25 – Código de Ética del Profesional de la Orientación).

➤ **Área Laboral**. Se define como aquélla que está asociada al rol como trabajador, cuya finalidad es prestar un servicio de orientación que conduce a la consecución de los objetivos personales en relación con los organizacionales. Entre los procesos están: gerencia de procesos, desarrollo de carrera, motivación, comunicación, toma de decisiones, manejo de conflicto, calidad de servicio, liderazgo y mejoramiento continuo, equipos de alto desempeño. (2001- Art. 26 – Código de Ética del Profesional de la Orientación).

> **Área Recreativa - Comunitaria**. El énfasis de esta área lo constituyen los procesos asociados al rol de transformador social y la finalidad es prestar un servicio de orientación que permita mejorar la calidad de vida de la comunidad a la cual pertenecen los involucrados. Entre los procesos en esta área están: recursos de la comunidad, actividades cívicas, lúdicas y de recreación, creatividad en la planificación y ejecución de actividades recreativas en la comunidad, uso del tiempo libre, programas de organización para la comunidad, calidad de vida, expresión de las diversas manifestaciones artístico -culturales. (2001- Art. 27 – Código de Ética del Profesional de la Orientación).

ATENCIÓN INTEGRAL.

Independientemente del servicio o contexto que se trabaje, todas las áreas deben ser atendidas. El ser humano es integral, por lo tanto, no es posible dividirlo en segmentos para conducir un proceso de orientación. La clasificación de las áreas de la Orientación es estratégica y metodológica, puesto que permite desarrollar una expresión sistémica, amplia y detallada de la persona y el grupo, identificando con precisión los requerimientos reales del sistema. Promueve que se planifique y desarrolle de manera adecuada el proceso de Orientación, facilitando la toma de decisión con respecto al enfoque psicológico de referencia, las estrategias y el plan de acción que conduzca la persona al avance en su proceso de desarrollo. (2001- Art. 28 – Código de Ética del Profesional de la Orientación).

6.- ¿Cuáles son los roles del Profesional de la Orientación?

ROLES DEL ORIENTADOR U ORIENTADORA

Los roles del Orientador u Orientadora, según las áreas y contextos pueden ser:

> **Mediador o Mediadora:** Diseña, desarrolla y evalúa procesos que permiten el desarrollo armónico e integral del potencial de los seres humanos.

> **Asesor o Asesora:** Presta sus servicios profesionales actuando como experto en desarrollo humano en situaciones vinculadas a cualquier área de la Orientación.

> **Promotor e interventor o Promotora e interventora:** Participa activamente en los procesos de transformación de los grupos humanos con los que se involucra.

> **Consultor o Consultora:** Diseña y evalúa planes de intervención.

> **Planificador o Planificadora:** Diseña programas, proyectos, acciones y demás actividades propias para la resolución de situaciones específicas.

> **Investigador o Investigadora:** Utiliza las herramientas y técnicas que le proporcionan los métodos de investigación para hacer más efectivo el proceso de intervención y para el desarrollo de la Orientación como disciplina.

> **Otros:** Derivados de la especificidad del área ocupacional por atender y los contextos que surjan en el desarrollo de la Orientación y que se reglamente por la Organización Nacional de Orientadores. (2001- Art. 29 – Código de Ética del Profesional de la Orientación).

7.- ¿Cuáles son las funciones del Profesional de la Orientación?

FUNCIONES DEL ORIENTADOR U ORIENTADORA

En cualquier contexto de acción el Orientador u Orientadora cumple las siguientes funciones específicas:

➢ Diagnosticar las características de los sistemas humanos en los contextos educativos, organizacional, asistencial jurídico y comunitario.

➢ Diseñar, ejecutar y evaluar programas dirigidos a desarrollar el potencial de los sistemas humanos en los distintos contextos y áreas de la Orientación.

➢ Generar investigaciones sobre aspectos relacionados con las áreas de acción del orientador u orientadora.

➢ Facilitar y estimular conductas sanas y productivas dentro de la gama posible de realización del individuo y su entorno.

➢ Promover el desarrollo y adaptación del individuo en su contexto.

➢ Asesorar a personas e instituciones en distintas áreas relacionadas con la atención psicológica y formación de individuos.

➢ Diseñar actividades de prevención y crecimiento del Individuo, acordes con sus necesidades, metas, aspiraciones, potencialidades y contextos.

➢ Prestar apoyo en el diseño, ejecución de planes y programas educativos, recreativos y pedagógicos, destinados a la capacitación, adiestramiento de habilidades, destrezas y conocimientos, vinculados a los diferentes contextos y áreas de la Orientación.

> Brindar asesoría individual y grupal dentro del desarrollo de actitudes positivas, valores, toma de decisiones, relaciones interpersonales, auto-percepción y otras conductas afectivas propias de un individuo consciente de sus responsabilidades y potencialidades para crear y crecer permanentemente en armonía con su medio.

> Cualquier otra función que requiera el desarrollo personal-profesional del hombre individual o social. (2001- Art. 30 – Código de Ética del Profesional de la Orientación).

8.- ¿Cuál es el perfil del Profesional de la Orientación?

ORIENTADOR U ORIENTADORA

El orientador u orientadora es un educador o educadora especialista en el campo de la asesoría y consulta psicosocial, cuyas tareas hacen de él o de ella un agente promotor del desarrollo autónomo de las personas dentro de un contexto histórico - social particular. (2001- Art. 14 – Código de Ética del Profesional de la Orientación).

Para optar al ejercicio legalmente autorizado de la Orientación, se requiere estar inscrito en la Organización Nacional de Orientadores a través de una de las Asociaciones estadales, y para ello, se requiere poseer la licencia profesional emanada de una Institución de Educación Superior con planes y programas de formación docente en Orientación, y para el ejercicio de la profesión, queda sometido sin excusa alguna, al cumplimiento de las normas del Código de Ética. (2001- Art. 47 – Código de Ética del Profesional de la Orientación).

La Evaluación en Orientación

Las intervenciones del Orientador u Orientadora en las distintas Áreas y contextos deben ser evaluadas técnica y científicamente, en primer lugar, por el mismo profesional de la Orientación y para ello en el diseño y planificación de los programas y servicios deben quedar establecidos los criterios, instrumentos, estrategias y cronograma de la respectiva evaluación. Es por esto, que los procesos de Orientación, sólo podrán ser supervisados técnicamente, por un Supervisor Orientador o una Supervisora Orientadora, formado o formada a nivel de pregrado, ya que el posgrado no licencia, ni profesionaliza. Aunque la parte administrativa pudiera ser supervisada por la autoridad inmediata de la unidad o servicio. Y en ambas supervisiones se deberá garantizar el estricto cumplimiento del principio de confidencialidad, siendo el Orientador u Orientadora, el o la responsable de ello. (2001- Art. 58 – Código de Ética del Profesional de la Orientación).

9.- ¿Cómo es la relación de la Orientación con otras disciplinas?

El orientador u orientadora y la Multi - Inter- y Transdisciplinariedad

En el desarrollo de las actividades de los procesos de intervención en Orientación, con frecuencia estos profesionales comparten campos de trabajo, estableciendo relaciones de multi-Inter y transdisciplinariedad, para beneficio de los atendidos.

En la multidiciplinariedad, cada disciplina conserva y desarrolla sus singularidades propias, donde el orientador u orientadora comparte los aportes de la orientación para dar respuesta a los requerimientos del sistema humano.

En la interdisciplinariedad, los conocimientos de cada disciplina son compartidos e inciden entre sí, estableciendo relación de interdependencia para una mejor comprensión de las situaciones y requerimientos para satisfacer al sistema humano.

En la transdisciplinariedad, se demanda la interdisciplinariedad y la adquisición de competencias mínimas comunes entre los miembros de un equipo psicosocial de alto desempeño, para prestar una atención integral a los requerimientos del sistema. En este nivel de integración los miembros del equipo deben estar en condiciones de aplicar conocimientos, habilidades, destrezas y competencias mínimas propias de otras profesiones luego de un proceso de formación que lo garantice, sin convertirse en un especialista ni pretender convertirse en otro profesional perdiendo su identidad.

En consideración a esto el orientador u Orientadora debe:

> Conocer y diferenciar la preparación y capacitación de los profesionales de la Psiquiatría, Psicología, Trabajo Social, Psicoterapia, etc.

> Contribuir conjuntamente con los profesionales de la medicina, de la odontología, de la nutrición, de la enfermería, etc. a la creación de las condiciones que facilitan el funcionamiento pleno de la persona, la familia y la comunidad.

> Cultivar el respeto mutuo y el desarrollo de los canales de comunicación con otros profesionales con quienes labore.

> Estar preparado para asumir riesgos personales al proteger las confidencias de quienes utilizan sus servicios, de otros profesionales de ayuda; colocando en todo momento, los intereses y necesidades del asesorado, por encima de los propios.

> Mostrar preocupación por otras profesiones, en el trabajo de equipo, reflejando madurez en el campo de la profesión y capacidad para trabajar en ella de un modo creador y participativo. (2001- Art. 51– Código de Ética del Profesional de la Orientación).

10.- ¿Qué de esta visión de la praxis de la Orientación es válida en todos los países del mundo?

El marco legal de la praxis social de la Orientación, necesariamente debe ajustarse al ordenamiento jurídico de cada país, en consecuencia, aunque los fundamentos teóricos se compartan, es en la praxis en donde por las disposiciones legales particulares, pueden encontrarse diferencias.

En el caso de Venezuela, el modelo es integral por las circunstancias históricas que marcaron su origen y evolución, así como los programas universitarios para su formación, en un país en donde la profesionalización se ubica en pregrado y los postgrados, solo optimizan el ejercicio profesional o forman para la investigación en un área de la disciplina, o en un contexto para su praxis social.

En la mayoría de los países, la formación de los profesionales es por áreas o para la praxis en un contexto. En consecuencia, no es el modelo integral y la praxis permite dar respuesta a los requerimientos del o de los usuarios, solo desde esta perspectiva de la formación del Profesional de la Orientación. Para una atención integral, el usuario debe pasar por distintos consultorios o profesionales, los cuales pueden intervenir en forma separada o integrada según los requerimientos del caso.

No obstante, a nivel mundial, los Profesionales de la Orientación están agremiados a través de la Asociación Internacional para la Orientación Educativa y Profesional. (A.I.O.S.P.) Fundada en septiembre de 1951 en París. Su objetivo es favorecer los contactos entre personas e instituciones que se dedican a la orientación vocacional, colaborando con organismos nacionales e internacionales para el desarrollo de la Orientación en los países. Organiza congresos, seminarios y conferencias. A través de sus publicaciones difunde toda la documentación de interés para la tarea orientadora.

En la declaración del 17 de septiembre de 2001, con motivo del cincuentenario de su fundación, la Junta Directiva presentó los siguientes 12 puntos que sirven de principios rectores para los Orientadores de los cinco continentes que hacen vida gremial en la AIOSP.

1.- Una Orientación educativa y profesional eficaz puede ayudar a las personas a descubrir sus capacidades y su potencial y permitirles planificar las acciones adecuadas para desarrollar habilidades fundamentales que conducirán a avances personales, económicos y sociales en beneficio del individuo, de la familia, de la comunidad y de la nación.

2.- La Orientación educativa y profesional, el asesoramiento y la gestión de la calidad son un proceso continuo y regular. No una intervención única. Acompaña y potencia el aprendizaje a lo largo de toda la vida y ayuda a las personas a evitar o acortar los períodos de desempleo. La Orientación y el asesoramiento educativo y profesional contribuyen a la igualdad de oportunidades. Un asesoramiento educativo y profesional de alta calidad no solo impulsa el desarrollo personal y las oportunidades profesionales de cada persona, sino también contribuye a un mayor desarrollo sostenible social y económico en conjunto.

3.- La Asociación Internacional para la orientación Educativa y Profesional manifiesta los siguientes principios relativos a los servicios de Orientación y Asesoramiento, esenciales para satisfacer las necesidades de desarrollo personal, social y económico y potenciar un mayor desarrollo sostenible en la sociedad del conocimiento.

4.- Toda persona independientemente de su género, raza, religión, edad, o situación laboral, debería tener acceso libre y gratuito a la Orientación educativa y profesional, de forma que sus capacidades y habilidades puedan ser identificadas y desarrolladas para permitirle recibir una educación, una formación profesional y un empleo adecuado, adaptarse a las cambiantes situaciones individuales y sociales y participar plenamente en la vida social y económica de su comunidad.

5.- Se debería proporcionar a los grupos especiales, como personas con discapacidades o desventajas sociales, una Orientación profesional que utilice los métodos adecuados y un asesoramiento que tenga en cuenta sus necesidades particulares y sus requisitos de comunicación,

6.- Los Orientadores Educativos y Profesionales deberán adoptar normas de calidad que regulen la formación de los profesionales y la prestación de servicios.

7.- Los servicios de orientación educativa y profesional deben garantizar la imparcialidad y la confidencialidad, y deberían llevarse a cabo con la participación voluntaria y activa de los orientados.

8.- Toda persona que necesite y desee orientación y asesoramiento educativo y profesional debería tener acceso a ella de acuerdo a sus necesidades, por parte de un Orientador profesional competente, cuya práctica esté basada en el respeto por la dignidad humana y por los diferentes estilos de vida dentro de la comunidad.

9.- Todos los orientadores educativos y profesionales deberían tener competencias específicas y participar en programas de formación permanente para mejorar sus destrezas y actualizar sus conocimientos profesionales.

10.- Así como la formación y la práctica de los orientadores han de ser supervisados, la eficacia de los servicios de orientación, deberían evaluarse periódicamente y someterse a investigación y análisis.

11.- Todos los orientadores y servicios públicos de Orientación Educativa y Profesional deberían reconocer unas normas de calidad y adherirse a un Código Ético conforme a las normas Éticas de la AIOSP 1995.

12.- La Asociación Internacional para la Orientación Educativa y Profesional insta a los gobiernos y otros organismos responsables del desarrollo de los recursos humanos a asegurar la creación y mantenimiento de unos servicios de orientación educativa y profesional adecuados, de acuerdo a los principios anteriores. (AIOSP – Paris – 17 de septiembre de 2001.

Luego de esta breve presentación de la Orientación como profesión en Venezuela y el mundo, es importante analizar el origen de la conducta y su primer desarrollo, para poder entender la naturaleza de los conflictos conductuales que justifican la intervención del Profesional de la Orientación, sus limitaciones y alcances, así como la teleología de ella.

La intervención del Profesional de la Orientación se contextualiza en una relación de potenciación del desarrollo integral del orientado, en donde este puede tomar decisiones consientes, desde la comprensión de sí mismo y de su entorno, por lo que, en consecuencia, si el Orientador descubre la existencia de patología, remite el caso para su evaluación y terapia. Es por esto la importancia se describir los procesos de la sensación y de la percepción, para luego analizar los procesos de la motivación y de la conducta, a fin de poder ubicar los conflictos de la conducta normal, no de origen patológico, en las cuales puede intervenir el Profesional de la Orientación.

CAPÍTULO II

LA SENSACIÓN Y LA PERCEPCIÓN.

1.- ¿Cuáles son las bases biofísicas de la conducta?

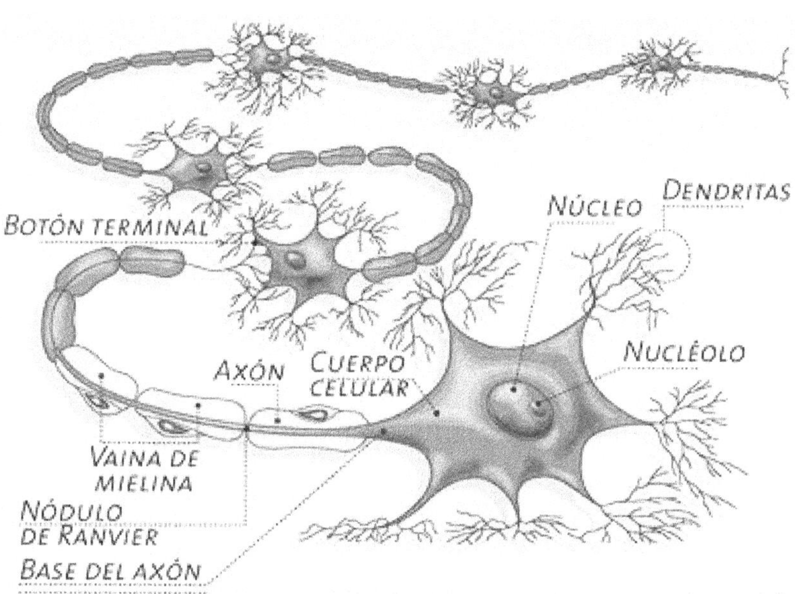

La neurona

Las neuronas son las células unidad operativa del sistema nervioso, con la función de servir para la transmisión de información codificada. En los órganos de los sentidos se encuentran las terminaciones de las neuronas sensitivas, las cuales tienen en las dendritas sustancias químicas altamente saturadas que reaccionan con las propiedades físicas y químicas de los agentes que las estimulan.

Las reacciones físicas se producen en el caso de la visión por los fotones o haz de luz que estimulan los bastoncillos y conos de la retina, en los ojos. En el caso de la audición, por la vibración en el líquido del caracol que estimula los cilios del órgano de Golgi en el oído interno, y en el caso del tacto, por las alteraciones físicas de la hipodermis en la piel y en los tejidos de los músculos internos.

Esta reacción física libera iones de sodio y potasio, los cuales se desplazan hasta el nivel cortical de su respectiva localización cerebral. a una velocidad de 20 a 60 metros por segundo (Villee, Claude A., 2006).

Las reacciones químicas, en el caso del gusto, las partículas saboras estimulan las papilas gustativas de la lengua, por su reacción química con la saliva. En el caso del olfato, en la mucosa amarilla en la nariz, las dendritas o terminaciones neuronales, son estimuladas por la reacción de las partículas saboras con la humedad, liberando iones de sodio y potasio que viajan por el respectivo nervio hasta su localización cerebral.

De otra parte, las neuronas transmiten las órdenes de contracción muscular desde el cerebro hasta los músculos para los movimientos voluntarios. Esta energía centrifuga permite a la persona actuar físicamente en los procesos de adaptación frente al entorno.

A nivel cortical las neuronas intercambian información en los procesos mentales haciendo posible las operaciones corticales verbo pensantes de la inteligencia humana.

Las neuronas se clasifican dentro de tres categorías generales:

Neuronas sensitivas:

Trasmiten los impulsos desde los receptores hasta el Sistema Nervioso Central. Las prolongaciones de estas neuronas están incluidas en las fibras nerviosas aferentes somáticas y aferentes viscerales. Las fibras aferentes somáticas transmiten las sensaciones de dolor, temperatura, tacto y presión desde la superficie corporal. Además, estas fibras transmiten dolor y propiocepción (percepción de los movimientos y la posición del cuerpo) desde órganos internos (Músculos, tendones, articulaciones) para proveer al encéfalo información relacionada con la orientación del tronco y las extremidades. Las fibras aferentes viscerales trasmiten los impulsos de dolor y otras sensaciones desde las membranas mucosas, glándulas y vasos sanguíneos.

Neuronas motoras:

Transmiten impulso desde el Sistema Nervioso Central o los ganglios hacia células efectoras. Las prolongaciones de estas neuronas están incluidas en las fibras nerviosas eferentes somáticas y eferentes viscerales.

Neuronas eferentes somáticas:

Envían impulsos voluntarios de contracción a los músculos esqueléticos para movimientos de los miembros del cuerpo. Los eferentes viscerales transmiten impulsos involuntarios al músculo liso y a las células del sistema cardionector para los movimientos viscerales (Fibras de Purkinje) para la estimulación involuntaria de las glándulas. (hipófisis desde el hipotálamo)

Interneuronas:

Forman una red integrada de comunicaciones entre las neuronas sensitivas y las neuronas motoras. Se calcula que más del 99,9% de todas las neuronas pertenecen a esta red de integración. (Villee, Claude A.A., 2006).

El sistema nervioso.

El tejido nervioso se agrupa con otros tejidos y estructuras (conectivo, vasos sanguíneos, etc.) para formar el sistema nervioso, el cual permite que el organismo responda a los cambios continuos del medio externo e interno, controlando e integrando las funciones de los órganos y aparatos. (Silvina Díaz y Adelaida Sánchez, 2006).

El sistema nervioso es el responsable de transmitir la información sobre el entorno que rodea a la persona y del interior de ella misma mediante las neuronas como unidades operativas del sistema. La información se origina mediante procesos biofísicos o bioquímicos que liberan iones de sodio y potasio, los cuales constituyen la energía nerviosa, que se desplaza desde los órganos receptores hasta las respectivas localizaciones cerebrales a nivel cortical, en donde al decodificarse forman las imágenes sensoriales que son representaciones del entorno.

El sistema nervioso al mismo tiempo, mediante los procesos de percepción hace posible la identificación de las imágenes y según la significación para la persona, el hipotálamo en el diencéfalo produce una respuesta de estímulo motivacional a la hipófisis, dando origen a una transformación de lo biofísico neurológico a lo bioquímico hormonal.

El sistema nervioso, además, es el responsable de los procesos consientes a nivel cortical y de transmitir las ordenes de movimiento voluntario para la conducta de la persona a través de las neuronas mediante la energía nerviosa desplazada en sentido centrífugo.

Niveles nerviosos: El Sistema Nervioso se divide en niveles con funciones de lo simple a lo complejo, y gracias a los cuales el organismo puede actuar como un todo integrado en sí mismo, relacionarse con el entorno y vivir procesos de adaptación a él. Con base en los aportes de Villee, Claude A. (2006) se profundiza en la descripción de los niveles nerviosos.

En primer lugar, en el *nivel neuromuscular,* la energía liberada en el lugar de estímulo se desplaza por las neuronas sensoriales del nervio, en dirección centrípeta hasta la localización cerebral, en la Cisura de Rolando a nivel cortical con información codificada táctil y luego desde el cerebro hasta el músculo, la energía centrífuga, a través de las neuronas motoras, las cuales transportan órdenes de contracción muscular para el movimiento.

El segundo nivel, es *el espinal.* Corresponde a los nervios protegidos en el centro de la columna vertebral con neuronas sensitivas y motoras. La conducta en este nivel puede ser repuesta refleja a nivel muscular y su esquema de funcionamiento es simple: Estímulo-Respuesta. La energía que se desplaza a nivel centrípeta en el centro de conexión entre las neuronas transmisoras, al realizar la sinapsis, cuando el volumen de energía nerviosa es mucha, esta, salta a la neurona motora y en consecuencia el músculo recibe orden de contracción, constituyendo el arco reflejo.

El *miencéfalo* o *bulbo raquídeo*, corresponde al engrosamiento de la medula espinal. En este nivel confluyen los nervios del vago, que llevan y traen información de los órganos vitales de los sistemas: respiratorio, circulatorio, digestivo y reproductor*.*

Encefálico posterior: Es el nivel subcortical ubicado en la parte inferior posterior de la protección craneal. Es el coordinador de la conducta postural involuntaria. Responde a los principios de equilibrio, por lo que está conectado con el caracol del oído interno y coordina los movimientos posturales. Coordina los niveles de energía para los estados de vigilia y de descanso corporal.

Mesencéfalo: es el nivel subcortical en la parte anterior del cerebro. En este nivel se entrecruzan los nervios sensoriales, de manera que los provenientes de los órganos de los sentidos del lado izquierdo del cuerpo, pasan hacia el hemisferio derecho del cerebro. Y los nervios provenientes de los órganos de los sentidos del lado derecho del cuerpo, pasan hacia el hemisferio izquierdo del cerebro. Este nivel cumple funciones de regular en coordinación con el nivel cortimotor, los impulsos de los movimientos voluntarios de la motricidad fina.

Los niveles antes descritos, constituyen el *cerebro reptílico*, el cual también poseen los reptiles, de allí el nombre. La conducta en este nivel es una conducta autónoma.

Diencéfalo: Este nivel es el responsable de la conducta emotiva afectiva, se corresponde con el cerebro límbico en cuanto se rige por el principio del placer o displacer. Al momento del nacimiento el ser humano presenta este nivel ya en su etapa de madurez, lo que le permite expresar las emociones y en cuanto ello, poder solicitar la atención de los adultos en su entorno para subsistir.

Al nacer, el ser humano es el más indefenso de los animales, tanto y en cuanto su conducta se apoya en experiencias vividas, que debe iniciar su acumulación en la memoria a nivel cortical y para ello desarrolla diferenciación entre memoria reciente y memoria remota, De otra parte, en el ser humano, todos los miedos son aprendidos, por lo que la dependencia es absoluta de los adultos en su entorno, para cubrir sus necesidades.

La memoria diencefálica permite guardar el impacto de las experiencias de placer y displacer en la relación con el entorno, en consecuencia, poder asociar la nueva información con la ya existente, para su identificación y valoración en el proceso de la percepción y estimular desde el hipotálamo la motivación para la respuesta inmediata.

Finalmente, a *nivel cortical*, en los hemisferios derecho e izquierdo los niveles nerviosos corresponden en la especie humana al *Neocortex* y son:

Cortimotor: Ubicado en la parte anterior de la Cisura de Rolando, es el responsable de los movimientos corporales voluntarios. Desde el hemisferio izquierdo mediante las neuronas motoras se trasladan las órdenes codificas de energía nerviosa a los músculos del lado derecho del cuerpo. Y desde el hemisferio derecho hasta los músculos del lado izquierdo. En el cruce por el Mesencéfalo se coordina la regulación de los impulsos para los movimientos de psicomotricidad fina.

Cortico-verbo-pensante: Este es el nivel de las funciones del pensamiento, mediante el intercambio de información en los procesos mentales que hacen posible las operaciones propias de la inteligencia humana.

La energía nerviosa sensorial.

En los órganos de los sentidos, en torno a las terminaciones de las neuronas sensitivas, se encuentra acumulación de sustancias con abundancia de elementos bioquímicos saturados de Sodio y Potasio, las cuales facilitan las reacciones físicas y químicas con los agentes estimuladores del entorno y en esta reacción se liberan iones de Sodio y Potasio, que una vez librados constituyen la energía nerviosa, la cual se traslada a través del nervio desde el lugar de estímulo hasta el respectivo Centro Sensorial en el Cerebro, en donde se decodifica para formar la imagen sensorial.

La energía nerviosa motora.

En la Cisura de Rolando en la zona anterior, se encuentra localizada la zona de coordinación de la conducta motora voluntaria a través de las fibras nerviosas eferentes somáticas. Las neuronas eferentes somáticas envían impulsos voluntarios a los músculos esqueléticos. Las eferentes viscerales transmiten impulsos involuntarios al músculo liso, a las células del sistema cardionector (Fibras de Purkinje) y desde el Hipotálamo, transmite impulso que estimulan a la Hipófisis para la producción de Adrenocorticotropina (Villee, Claude A. 2006).

2.- ¿Cuáles son las bases bioquímicas de la conducta?

Las hormonas

Son sustancias químicas segregadas por las glándulas sobre el conducto sanguíneo. Se caracterizan por los efectos específicos en algunos órganos o en algunos procesos del organismo.

La hipófisis y el Sistema Endocrino

La Hipófisis está ubicada a nivel subcortical y es el órgano que controla el sistema endocrino. Es sensible a la estimulación del Hipotálamo creando así las bases biológicas de la conducta.

Produce las siguientes hormonas:

- ✓ Somatotropina: regula el crecimiento.
- ✓ Adrenocorticotropina: estimula la corteza suprarrenal.
- ✓ Tirotropina: controla la tiroides y estimula la producción de tiroxina.
- ✓ Folículo estimulante: estimula la formación del folículo de Graf del ovario.
- ✓ Luteinizante: regula la producción de testosterona y progesterona.
- ✓ Prolactina: estimula la producción láctea.
- ✓ Oxitócina: estimula la contracción del útero.
- ✓ Vasopresina: estimula la contracción de músculos lisos.

Los órganos secretores y las hormonas que producen son:

Corteza suprarrenal: Es el órgano secretor que produce las siguientes hormonas:

- ✓ Cortisona: Estimula la conversión de proteínas en hidratos de carbono.

- ✓ Aldosterona: Regula el metabolismo de sodio y de potasio.

Médula suprarrenal: Es el órgano secretor que produce las hormonas:

- ✓ Adrenalina: Controla reacciones ante el peligro.

- ✓ Noradrenalina: Constriñe los vasos arteriales.

Folículo del ovario: Es el órgano secretor que produce las hormonas:

- ✓ Estradiol: Estimula los caracteres sexuales femeninos.

- ✓ Progesterona: regula el ciclo menstrual – prepara el útero para la anidación del ovulo fecundado y prepara la lactancia.

Testículo: Es el órgano que produce las hormonas:

- ✓ Testosterona: estimula los caracteres sexuales masculinos.

- ✓ Androsterona: Contribuye a la aparición de los caracteres sexuales masculinos.

Islotes de Lagherans en el páncreas: Es el órgano secretor que produce:

- ✓ Insulina: controla la concentración de azúcar en la sangre y su deficiencia ocasiona la diabetes.

- ✓ Glucagón: Convierte el glucógeno del hígado en glucosa.

Todo este sistema endocrino es regulado desde la Hipófisis, en consecuencia, junto con el Hipotálamo tienen una incidencia fundamental no solo en la conducta humana, sino en la salud de la persona a nivel corporal y a nivel Psicológico. Es por lo que los estados emocionales pueden ser positivos o negativos, en cuanto a que su acción prolongada puede alterar la producción hormonal en el organismo. Villee, Claude A. (2006).

3.- ¿Cómo son los procesos de internalización del entorno a través de la sensación?

La Sensación.

Es el proceso de internalización del entorno, mediante los órganos de los sentidos a través de las neuronas sensitivas y la energía electroquímica de iones de sodio y potasio, que de manera codificada trasmite la información desde el lugar del estímulo en el órgano de los sentidos, hasta la respectiva localización cerebral, en donde se forma la imagen sensorial.

Los agentes informantes físicos – químicos

En cada órgano de los sentidos, las células nerviosas solo reaccionan a las propiedades físicas o químicas del entorno para las cuales el órgano le es propio y esta reacción libera iones de Sodio y de Potasio (Energía Nerviosa).

- ✓ Fotones o haz de luz en los bastoncillos y conos de la retina en el ojo producen una reacción física.
- ✓ Vibraciones en el líquido del caracol en el oído interno ocasionada por el movimiento de los huesecillos: martillo, yunque y estribo ubicados encima de la membrana timpánica la cual, es impactada por el impulso de las ondas

sonoras al final del oído intermedio. Estas vibraciones mueven los cilios de las terminaciones del órgano de Golgi, en el oído interno, produciendo una reacción física.

- ✓ Partículas saboras en las papilas gustativas en la lengua, con la saliva producen una reacción química.

- ✓ Partículas oloras en la mucosa amarilla en la nariz, producen una reacción química.

- ✓ Presión, movimiento, humedad, frío, calor en las dendritas en la hipodermis en la piel y en los tejidos de los músculos internos, producen una reacción física.

Los lugares específicos de recepción y codificación en los órganos de los sentidos

Cada órgano de los sentidos, tiene un lugar en donde llegan las terminaciones nerviosas especializadas para responder ante los agentes específicos, produciendo una reacción cuyo resultado libera energía nerviosa constituida por iones de sodio y potasio, los cuales se desplazan por el nervio respectivo, desde el lugar de estímulo en sentido centrípeto hasta el cerebro en la respectiva localización cerebral.

Lugares de Estímulos

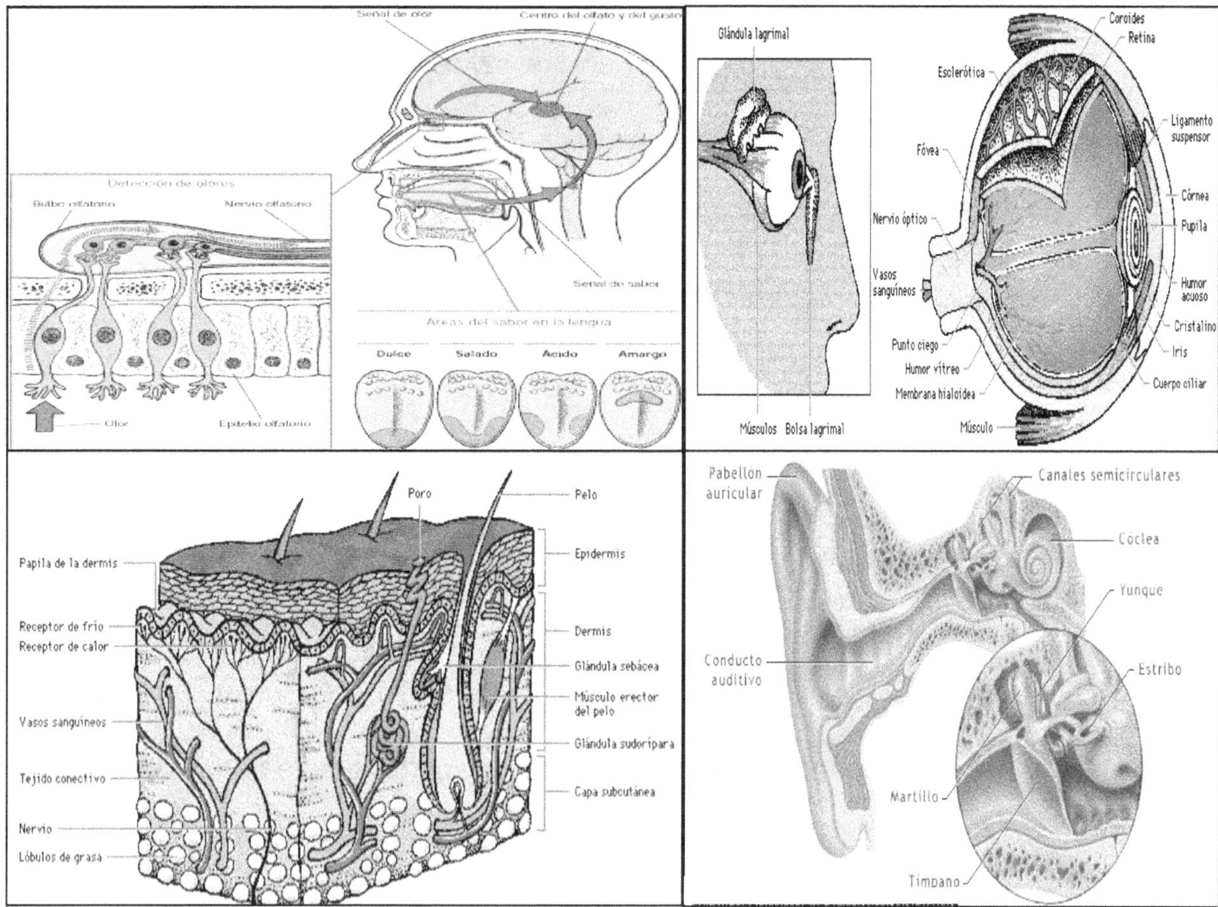

En cada órgano de los sentidos, las células nerviosas solo reaccionan a propiedades físicas o químicas del entorno para las cuales el órgano le es propio.

✓ Fotones o haz de luz en los bastoncillos y conos de la retina en el ojo producen una reacción física, la cual libera energía nerviosa de iones de Sodio y Potasio.

✓ Vibraciones en el líquido del caracol en el oído interno ocasionada por el movimiento de los huesecillos: martillo, yunque y estribo ubicados encima de la membrana timpánica la cual, es impactada por el impulso de las ondas sonoras al final del oído intermedio. Estas vibraciones mueven los cilios de las terminaciones del órgano de Golgi, en el oído interno, produciendo una reacción física, la cual libera energía nerviosa de iones de Sodio y Potasio.

✓ Partículas saboras o sabrosas en las pailas gustativas en la lengua, con la saliva producen una reacción química, la cual libera energía nerviosa de iones de Sodio y Potasio.

✓ Partículas oloras en la mucosa amarilla en la nariz producen una reacción química, la cual libera energía nerviosa de iones de Sodio y Potasio.

✓ Presión, movimiento, humedad, frío, calor en las dendritas en la hipodermis en la piel y en los tejidos de los músculos internos, producen una reacción física, la cual libera energía nerviosa de iones de Sodio y Potasio.

La reacción química o física, libera iones de sodio y de potasio los cuales, se desplazan por las neuronas sensitivas neuro-transportadoras en su respectivo nervio hasta un lugar específico del centro sensitivo a nivel cortical.

El traslado de la información a través de los nervios sensoriales

Los iones de sodio y de potasio liberados en la reacción química o física, se desplazan a una velocidad de veinte (20) a sesenta (60) metros por segundo a través del respectivo nervio a través de las neuronas sensitivas neuro-trasportadoras hasta su lugar específico en el nivel cortical:

✓ El nervio óptico desde la retina hasta el occipital.

✓ El nervio auditivo dese el órgano de Golgi hasta la parte superior del temporal.

✓ Los nervios sensoriales del tacto desde la hipodermis a nivel periférico y desde los músculos internos hasta la Cisura de Rolando en la zona posterior, parte delantera del parietal.

✓ El nervio gustativo desde las papilas gustativas hasta la parte inferior del parietal.

✓ El nervio olfatorio desde la mucosa amarilla hasta la parte inferior del parietal.

Todos los nervios pasan por el Mesencéfalo y se cruzan, de manera que la información codificada que transportan desde los receptores del lado izquierdo, son llevados al hemisferio cerebral derecho y la información de los receptores del lado derecho, llega al hemisferio cerebral izquierdo.

Luego, en los procesos a nivel cortical la información en los dos hemisferios, se complementa para una percepción integrada del entorno y en consecuencia a pesar de tener en cada hemisferio las imágenes sensoriales al momento de la decodificación de la energía nerviosa que llega a nivel cortical, la información sensorial es percibida de manera complementada a menos que por algún motivo la información proveniente de un lado del cuerpo no llegue al nivel cortical.

Localizaciones de decodificación Sensorial del cerebro

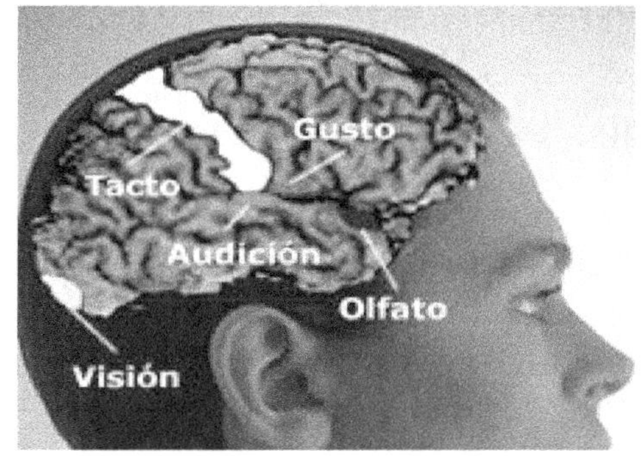

En conclusión, vemos, oímos, gustamos, olemos y sentimos en el cerebro, los órganos de los sentidos solo captan la información y las neuronas sensitivas transportan la información codificada hasta el cerebro en donde se forman las imágenes sensoriales respectivas.

Formación de las imágenes

La información codificada en los lugares de estímulo en cada órgano de los sentidos, luego de cruzarse en el Mesencéfalo, llega al Centro Sensorial del Sistema Nervioso Central y allí, es decodificada por las neuronas receptoras, formándose la imagen sensorial respectiva:

- ✓ La imagen visual en el occipital.

- ✓ La imagen auditiva en la parte superior el temporal.

- ✓ La imagen táctil en la Cisura de Rolando en la zona posterior, parte delantera del parietal.

- ✓ La imagen gustativa en la parte inferior del parietal.

- ✓ La imagen olfativa en la parte inferior del parietal.

4.- ¿Cómo son los procesos de la percepción?

Las neuronas cerebrales trasmisoras sensoriales

Las interneuronas forman una red integrada de comunicaciones entre las neuronas sensitivas y las neuronas motoras en el cerebro, las cuales intercomunican los centros cerebrales sensoriales con la memoria, para los procesos de asociación, de las nuevas imágenes sensoriales con los datos existentes en ella recientemente o remotamente y con la memoria diencefálica para su identificación y valoración.

La memoria reciente y memoria remota

A nivel cortical: En la zona lateral del nivel frontal del cerebro se encuentra la localización de la memoria, en ella se conserva la información de acontecimientos recientes y los acontecimientos remotos que unidos a otros permiten configurar esquemas mentales, representaciones simbólicas, hábito, costumbres, las cuales tienen una gran importancia a la hora de identificar imágenes sensoriales. Estos constructos mentales constituyen en el tiempo, formas de aprendizajes de economía de energía que facilitan y agilizan los procesos, pero a la vez condicionan formas de percepción de la realidad y en consecuencia formas de valorar las nuevas imágenes que se forman en las sensaciones.

Esta información previa, resulta ser condicionante para la respuesta motivacional, en consecuencia, despierta a nivel diencefálico el origen de las emociones que acompañan la respuesta corporal, generando estados emotivos y sentimientos, que estimulan y direccionan la conducta, además, a nivel cortical estimula, a través de las interneuronas en el frontal, la generación de ideas y pensamientos para dar respuestas conscientes de adaptación al entorno.

Los aprendizajes previos condicionan la motivación y por tanto la percepción, ocasionando respuestas y sentimientos que podrían no ser los adecuados. En esto se fundamentan teóricos de la personalidad para explicar y entender la naturaleza de los conflictos personales de la conducta, para el diseño de procesos terapéuticos de atención médica en Psiquiatría, o en Psicología Clínica y para la intervención de la

Orientación en su praxis, mediante la transdisciplinariedad.

Asociación

Uno de los procesos más importantes en la percepción, es el de la comparación de la nueva imagen con las ya existentes en la memoria, las neuronas completan si existe falta parcial en la forma de la imagen y con ello puede identificarla comparando con las existentes por experiencias previas.

Las mismas neuronas de la red, intercomunican con la memoria diencefálica para su valoración en relación a la información de experiencias anteriores, cargando la imagen de valor placentero o displacentero, según la información existente respecto de la imagen identificada.

Memoria diencefálica

A nivel sub-cortical: En la memoria diencefálica se conservan las experiencias de placer y displacer y en consecuencia estas experiencias emotivo-afectivas previas, constituyen la base de la motivación en la percepción del entorno y generan las nuevas respuestas emotivas ante la información del entorno. Por lo que sirven de base para el origen de las emociones.

Esta memoria, al momento del nacimiento del ser humano, ya es lo suficientemente madura, para poder servir de apoyo al neonato y expresar su agrado o desagrado a través del llanto y los gestos de expresión de emociones de alegría, tristeza, disgusto, rabia, dolor entre otras. Es gracias a ello, que el niño puede comunicarse con su entorno y así llamar la atención de los adultos para poder satisfacer sus necesidades primarias, hasta meses después, cuando en su desarrollo perfecciona maneras más adecuadas para una comunicación consciente.

Identificación y Valoración de la imagen sensorial

Este es el momento más trascendente del proceso que origina la conducta. Puede terminar todo y es lo que ocurre en la inmensa mayoría de los casos, por no lograr impactar para una valoración relevante en uno u otro sentido y en consecuencia todo termina y la memoria al clasificarlo de valor neutro, lo olvida rápidamente. No conserva la experiencia.

Los cinco sentidos funcionan las veinticuatro horas del día. Aun en el estado de reposo (sueño). Permanentemente estos procesos se repiten en cada uno de los cinco sentidos, simultáneamente. Es por lo que la memoria podría definirse como capacidad de olvido. Son muchísimos, pero muchísimos más los procesos que mueren sin dejar huella, que los pocos que logran la atención por su valoración de importancia en uno o en otro sentido.

Esto en caso de valoración relevante, tanto y en cuanto su relevancia determina la continuación del proceso y de lo biofísico, pasa a lo bioquímico a través del sistema endocrino, y de lo orgánico a lo Psicológico en el diencéfalo, y de lo psíquico a lo mental en la coordinación verbo-pensante, y para los creyentes, de lo mental a lo espiritual trascendente.

Cuando las situaciones emotivo-afectivas resultan traumáticas por la magnitud del impacto a nivel diencefálico, requieren de procesos especiales para minimizar o neutralizar los efectos negativos a nivel emocional, con ayuda o no de profesionales de la conducta. Cuando estos procesos no se dan por algún motivo, quedan guardados en la memoria y pueden generar mecanismos de defensa como el olvido represor, para evitar a la persona volver a vivir situaciones altamente dolorosas.

Estos episodios traumáticos no debidamente procesados, son conocidos como Gestales abiertas en la teoría de Frederik Perls (1969) y ante situaciones cuya percepción identifica la información que se recibe del entorno, con la experiencia del pasado no resuelto, desencadenan las respuestas similares a aquellas en la vez primera, con todos los cambios orgánicos, psicológicos y mentales de aquel entonces y todo ello desde el inconsciente. La persona es consciente de lo que ahora siente y actúa, pero no logra establecer la causa de su conducta, lo que a todas luces le genera desconcierto y más, por no poder explicarlo.

5.- ¿Cómo son los procesos de la respuesta inmediata?

Hipotálamo e hipófisis

Es necesario explicar, que el funcionamiento de la glándula endocrina hipófisis, está regulado por la interacción de la corteza cerebral y el hipotálamo, que a su vez recibe estímulos nerviosos y los estímulos hormonales que ella genera, son conducidos a los órganos a través de los vasos sanguíneos. (César Eduardo Montalvo Arenas, 2010).

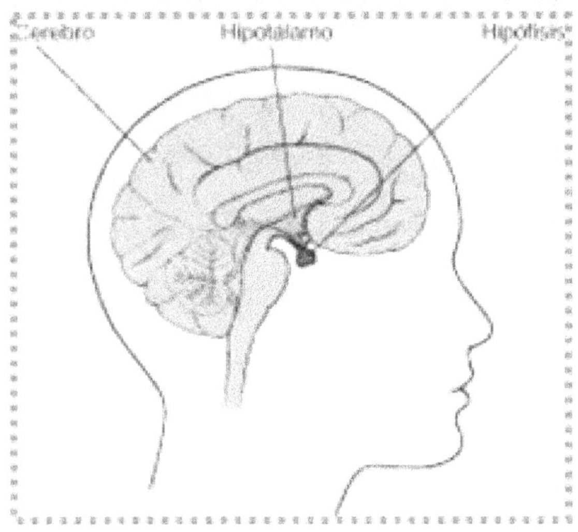

El Hipotálamo y la Hipófisis

A nivel subcortical, se encuentran los órganos en donde los procesos biofísicos del sistema nervioso, operan mediante impulsos codificados de energía nerviosa, generando respuestas de nivel bioquímico del sistema endocrino, a través de las hormonas y estas, al actuar en los órganos de su respectiva incidencia, producen respuestas orgánicas correspondientes a las conductas de adaptación de la persona al entorno.

Estas respuestas constituyen el origen de la conducta humana y son procesos que se dan a nivel orgánico, a nivel conductual y a nivel cognitivo.

Neurotransmisores hipotalámicos

- ✓ *Dopamina*: Neurotransmisor con funciones de energizar la mente y controlar los impulsos.

- ✓ *Serotonina*: Neurotransmisor que regula el hambre y el sueño. Responsable de la excitación del estado de ánimo, el comportamiento social y la conducta sexual.

✓ *Endorfinas*: Son pequeñas cadenas proteínicas neuropéptidas, generadas por la hipófisis y el hipotálamo, constituyendo las moléculas de la sensación de felicidad y del disfrute. Alivian el estrés, aumentan la sensación del placer y disminuyen la ansiedad.

El Hipotálamo en las emociones de placer mediante la dopamina, estimula a la hipófisis para la secreción de *oxitocina* y *vasopresina* que inciden en la contracción del útero y de los músculos lisos.

Cuando el impacto de la valoración en la memoria diencefálica es fuerte, se genera un proceso de respuesta inmediata a través del Hipotálamo, el cual mediante neurotransmisores estimula en la Hipófisis la generación de la hormona adrenocorticotropina, tanto más en cuanto mayor sea el impacto de la valoración como placer o displacer.

La Adrenalina y respuestas corporales autónomas

La Hipófisis, estimulada por el Hipotálamo, segrega en proporción a la fuerza del estímulo recibido la hormona *Adrenocorticotropina*, la cual, por el torrente sanguíneo estimula la glándula suprarrenal para la producción de adrenalina, en proporción al estímulo recibido.

La *Adrenalina*, tiene múltiples efectos a nivel orgánico, tiene efectos a nivel del sistema circulatorio: acelera las pulsaciones del corazón, amplia las arterias y sube la tensión arterial. Al mismo tiempo tensa el sistema muscular, detiene el proceso digestivo, altera el sistema respiratorio haciendo más lenta y profunda la respiración, aumenta la producción sudorípara, enerva las vellosidades, ensancha las fosas nasales, dilata las pupilas.

Todo el organismo por la acción de la adrenalina en el torrente sanguíneo, queda en estado de alerta y en su máxima capacidad de acción, en espera de poder responder ante cualquier requerimiento en respuesta de adaptación al entorno. Ahora bien, todo esto ocurre en fracciones de segundo y los cambios se dan de forma instantánea. Tanto más, en cuanto mayor sea el impacto producido en la percepción.

Estas hormonas en la sangre, son las responsables de producir los cambios necesarios en el organismo, para prepararlo a fin de afrontar, con sus capacidades al máximo, el impacto posible del mundo externo o corporal interno, para el placer o displacer.

Gracias a estos procesos, vivimos. Ellos son autónomos y los cambios anatómico biológicos que experimentamos, son mecanismos de defensa que nos predisponen de forma automática y primaria a una conducta de mayor complejidad, cuando la razón entra en acción, para tomar el control de la situación. Así ello transcurra en el tiempo en fracciones de segundo. Es respuesta instintiva y de manera inmediata.

En la línea del tiempo, no ha llegado la información a nivel cognitivo, cuando a nivel emotivo afectivo o nivel hipotalámico ya se ha dado un impulso motivacional para la respuesta emotiva afectiva en el diencéfalo y simultáneamente, ya se está dando inicio a la acción de la adrenalina segregada por la suprarrenal por el estímulo de la adrenocorticotropina desde la Hipófisis.

Las tres respuestas en la línea del tiempo son uno–dos-tres, pero la velocidad es tal, que parecieran simultáneas. En verdad primero es el proceso biofísico en la valoración de la imagen en la memoria diencefálica, luego la generación de neurotrasmisores en el hipotálamo que estimulan la Hipófisis, generando los procesos bioquímicos y simultáneamente la generación de procesos Psíquicos emotivo-afectivos en el diencéfalo, y al instante la comunicación mediante las interneuronas a nivel cortico-verbo-pensante para los procesos cognitivos a nivel frontal.

Todo ello en fracción de segundos. Y hasta aquí es conducta involuntaria, autónoma. Luego, en la línea del tiempo vienen los análisis y toma de decisiones para dar respuesta de adaptación a la realidad del entorno que el evento presenta. Esto también puede ocurrir en segundos, según las circunstancias del caso y estas acciones ya implican la ejecución de conductas voluntarias y para ello el uso de energía motora. La cual, desde la Cisura de Rolando en la parte superior anterior parietal, lleva mensajes de contracción a través de las neuronas transportadoras de energía centrífuga, hasta los músculos, para los movimientos corporales.

Los cambios producidos en el organismo, permiten la ampliación de los niveles de captación de información en los cinco sentidos y el enriquecimiento de la información disponible captada originalmente, lo que de hecho incide en el incremento o disminución de la respuesta emotivo-afectiva a nivel diencefálico y de los procesos verbo-pensantes a nivel cortical, en parte dentro del marco de la respuesta inmediata.

Posteriormente, las conductas que desde el nivel cortical se generen, ya no corresponden a las conductas autónomas de respuesta inmediata. Se trata de respuestas voluntarias de adaptación. Es difícil determinar hasta cuando la respuesta inmediata lo es tal. Pero si es claro, que deja de serlo, cuando la persona asume conscientemente el control de su conducta y deliberadamente responde ante el entorno.

Respuestas diencefálicas emotivas afectivas

Simultáneamente, al envío de información estimulante a la Hipófisis desde el Hipotálamo por la fuerza del impacto, en éste se estimula la amígdala, el tálamo y se generan procesos emotivo – afectivos a nivel psicológico que acompañan la acción hormonal y los cambios físicos por la acción de la adrenalina.

A nivel diencefálico se estimula la producción hipotalámica de los neurotrasmisores estimuladores de la respuesta emotiva afectiva del placer o displacer. En primer lugar, la serotonina estimula la excitación del estado de ánimo, tanto más, en cuanto mayor sea el impacto de la valoración de la imagen percibida, y predispone para el uso de las dopaminas para energizar la mente, y dar respuesta de aceptación o rechazo emotivo-afectivo, según las emociones de placer o displacer que se despiertan por la valoración de la imagen en la memoria diencefálica en el proceso de percepción.

La endorfina, oxitocina y vasopresina, no intervienen en la respuesta inmediata, en cambio, lo hacen y son indispensables en los procesos emotivo-afectivos de conductas voluntarias y en los estados de ánimo y conductas emotivo-afectivas conscientes e inconscientes de duración más prolongada, y tanto más, en cuanto mayor sea el placer o el displacer.

Después, en la línea del tiempo, vendrán los análisis y la toma de decisiones sobre las respuestas a nivel cognitivo y determinación de conductas a seguir, con un objetivo consciente y conductas desde una coordinación de respuestas a nivel cortical verbo pensante.

6.- ¿Por qué en la Percepción es tan importante la memoria diencefálica?

La memoria diencefálica es el lugar en donde los procesos sensoriales concluyen, aportando una información que de ser valorada sin importancia pone fin a todo el proceso sensorial. Por el contrario, cuando lo percibido del entorno es valorado como importante, entonces activa el proceso de respuesta por la valoración de placer o de displacer, y si la valoración es relevante, genera un proceso de respuesta inmediata. Todo esto por la percepción y es por ello su importancia.

Ahora bien, es fundamental señalar que todos los procesos de respuesta a la imagen sensorial identificada y valorada, se dan, sí y solo sí, y en cuanto en la memoria diencefálica se dé una valoración relevante de la información recibida en la sensación.

En consecuencia, es en la memoria diencefálica en donde nace el impacto para la respuesta cognitiva hipotalámica que activa la respuesta orgánica, la respuesta emotiva afectiva y el impacto para la respuesta cognitiva verbo-pensante. En el tiempo, es una secuencia en donde una conduce a la otra. Al mismo tiempo existe una relación directa y proporcional en el impacto entre uno y otro que explica la rapidez y la prolongación de las respuestas.

7.- ¿Cuál es la Importancia de la percepción en el origen de la conducta?

Gracias a los procesos de la sensación, el mundo que nos rodea es internalizado y una vez en el cerebro gracias a los procesos de la percepción, es identificado y valorado. Una vez que la información es connotada de placer o displacer, la motivación direcciona la respuesta, con tanta más energía, en cuanto mayor sea el impacto de la valoración de placer o de displacer.

Cuando la imagen sensorial no encuentra información previa y la fuerza de la imagen no logra despertar la atención suficiente para placer o displacer, la información muere. De esta manera, viendo no vimos, oliendo no olimos, escuchando no oímos. Esto es, los sentidos funcionaron bien, pero la información aportada por falta de importancia, al no ser relevante, desaparece. La memoria no lo conserva, no se genera motivación alguna y en consecuencia no hay conducta alguna.

Cuando el impacto de la valoración en la memoria diencefálica es fuerte, se genera un proceso de respuesta inmediata a través del Hipotálamo que mediante neurotrasmisores estimula en la Hipófisis la generación de la hormona adrenocorticotropina tanto más en cuanto mayor sea el impacto de la valoración placentera o displacentera.

Esta hormona en la sangre como se explicó anteriormente, es la responsable de activar en la glándula suprarrenal la producción inmediata de adrenalina, la cual produce los cambios necesarios en el organismo para prepararlo a fin de afrontar el máximo de su capacidad corporal, el posible impacto del mundo externo o corporal interno, para el placer o displacer.

Gracias a estos procesos vivimos. Ellos son autónomos y los cambios anatómico biológicos que experimentamos, son mecanismos de defensa que nos predisponen de forma automática y primaria, a una conducta de mayor complejidad, cuando la razón entra en acción para tomar el control de la situación. Así ello sea en el tiempo en fracciones de segundo, es posterior a la respuesta inmediata, la cual es respuesta instintiva y autónoma.

La memoria diencefálica es clave para la percepción, al aportar todo el cúmulo de informaciones previas emotivas afectivas de la persona, para valorar la información que llega de los sentidos. Es el inicio de la motivación de la conducta y de las emociones que acompañan su desarrollo.

Por todo lo que hasta aquí se ha expuesto sobre la percepción, se puede concluir afirmando que: Definitivamente, el mundo no es lo que es, es lo que se percibe de él y actuamos frente a él, de acuerdo a lo percibido.

CAPÍTULO III

LA EMOCIÓN Y LA CONDUCTA.

1.- ¿Por qué la conducta es respuesta de adaptación según lo percibido?

En el capítulo anterior se analizó la importancia de la respuesta inmediata y como el proceso de la sensación y percepción, concluyen cuando no hay una valoración significante de la imagen sensorial en los procesos de identificación en la memoria diencefálica.

Es esta valoración la que determina la continuidad o no del proceso. Se afirmó que solo sí y la valoración fuese relevante, se iniciaban los procesos hipotalámicos que determinan una respuesta inmediata, la cual transforma el proceso de biofísico en bioquímico y al tiempo que los neurotransmisores estimulan la producción hormonal en la Hipófisis, a nivel diencefálico, se estimula la producción de dopamina y serotonina para la respuesta emocional, que desde lo emotivo-afectivo acompaña los cambios orgánicos de la respuesta inmediata y por las interneuronas se comunica al nivel cortical para los procesos verbo-pensantes y los procesos de movimientos voluntarios.

Es la realidad percibida, esto es la imagen sensorial identificada y valorada, la que genera la motivación y desde la emoción se direcciona para placer o displacer. Este es el origen de la conducta y sin ello no hay conducta. Todo sigue en paz y tranquilidad porque no ha pasado nada. Es el impacto de la valoración de la imagen sensorial, lo que inicia la conducta en un nivel orgánico y psíquico luego a nivel mental. Y todo según lo percibido.

La conducta es respuesta de adaptación al mundo externo que nos rodea, una vez internalizado gracias a los procesos de la sensación y de la percepción. En consecuencia, no es respuesta al mundo que en la realidad pueda ser, sino al percibido. De esta manera, el niño o la niña puede buscar con *alegría*, coger con sus manos un animal de colores que serpentea en silencio por el jardín. Mientras sus padres con *miedo* tratan de matar al mismo animal. Todos en medio de respuestas inmediatas, direccionadas por emociones distintas hacia fines opuestos y todos ante el mismo estímulo inicial sensorial visual.

Esto mismo ocurre en la guerra cuando soldados de bandos contrarios luchan unos por defender, y otros por destruir un pedazo de tela con determinado color, enarbolada como signo de la patria de uno de los grupos en pugna. Todos con motivación y emociones que direccionan su conducta, dispuestos a dar la vida unos por defender, y otros por destruir lo que más que un pedazo de tela…consideran… es un símbolo de su Patria.

Esto mismo ocurre cada día con el valor comercial de un pequeño objeto que pierde su valor real y se torna incalculable por lo que sentimentalmente representa, al tratarse, por ejemplo, de un recuerdo muy estimado de una persona muy querida, recientemente fallecida. Esto mismo ocurre en el mundo de las artes, en donde el valor de las cosas se transforma, en la medida en que los criterios de valoración son tomados en cuenta.

2.- ¿Por qué un mismo estímulo puede generar diferente respuesta, aún en una misma persona?

Son muchos los factores que pueden incidir en el proceso de recepción de la información en los lugares de estímulo en los órganos de los sentidos, unos referidos a los agentes estimuladores por las características variantes de la realidad que estimula al sistema sensorial al inicio del proceso, otros referidos a las condiciones de los lugares de estímulo en los órganos de los sentidos, otros referidos a las neuronas transmisoras de la energía nerviosa hasta los lugares sensoriales a nivel cortical, otros a las condiciones particulares en estas localizaciones cerebrales y otras referidas a los procesos internos de la percepción.

Si se llamara:

- ✓ *Realidad uno:* La realidad objeto de observación.
- ✓ *Realidad dos:* Los elementos de la realidad que estimulan los lugares de recepción en los órganos de los sentidos.
- ✓ *Realidad tres:* La información codificada que parte desde los órganos de los sentidos.
- ✓ *Realidad cuatro:* La información codificada que llega a los lugares cerebrales de decodificación de la información.
- ✓ *Realidad cinco:* La imagen decodificada*.*
- ✓ *Realidad seis:* La imagen identificada y valorada en el diencéfalo*.*

El ideal, es que la realidad seis sea una fiel representación de la realidad uno, y con ello el proceso de internalización del entorno sería el más adecuado. No obstante, en cada paso, pueden intervenir factores internos o externos que pueden alterar la información en uno de ellos, o puede darse simultáneamente la alteración en varios de ellos.

Si hay varios observadores, esto que es indeseado, podría ocurrir en alguno de ellos o en varios, lo que resulta en percepciones diferentes de una misma realidad. Tanto más, en cuanto más sea la incidencia de los factores que interfirieron el proceso.

Esto mismo podría ocurrir a la misma persona, si el proceso se repite en momentos o en circunstancias diferentes a la de una primera vez. En tal caso, la o las alteraciones producidas en cualquiera de los pasos, determinan una modificación en la percepción.

Esto ratifica la conclusión del capítulo anterior, cuando se afirmó: Definitivamente, el mundo no es lo que es, es lo que se percibe de él y actuamos frente a él, de acuerdo a lo percibido.

¿Las emociones son el origen de la motivación?

Hay tres componentes secuenciales en una emoción: Neurofisiológico, Conductual-emotivo, y Cognitivo.

- ✓ *El componente Neurofisiológico* se manifiesta en respuestas como taquicardia, sudoración, vasoconstricción, hipertensión, tono muscular, rubor, sequedad en la boca, cambios en los neurotransmisores, secreciones hormonales, respiración, entre otros. Todo esto son respuestas involuntarias, que la persona no puede controlar. Orgánicamente son causadas por la adrenalina segregada por las glándulas suprarrenales, estimuladas por la hormona adrenocorticotropina, que a su vez fue segregada en la hipófisis por el estímulo recibido desde el Hipotálamo mediante la Dopamina, como respuesta motivacional por la percepción de alta significación de placer o displacer.

Como consecuencia de emociones intensas y frecuentes se pueden producir problemas de salud (taquicardia, hipertensión, úlcera, etc.). Este efecto negativo es el que permite una clara diferenciación con los efectos de relajación y bienestar como efecto positivo. Es por esto, que la prevención de los efectos nocivos de las emociones en el marco de la educación emocional, se puede entender como un aspecto de la educación para la salud.

✓ *El componente Emotivo-efectivo* de la conducta de una persona, mediante su observación, permite inferir qué tipo de emociones está experimentando. Las expresiones faciales, el lenguaje no verbal, el tono de voz, volumen, ritmo, movimientos del cuerpo, entre otros, aportan señales de bastante precisión sobre el estado emocional. Estas conductas en un primer momento son inconscientes y resultan ser la respuesta natural de la persona en su adaptación al entorno. En un segundo momento, la persona reacciona al darse cuenta de la conducta asumida y es entonces cuando intenta disimular o asumir conductas voluntarias.

Así, por ejemplo, las expresiones faciales surgen de la actividad combinada de unos 23 músculos, que conectan directamente con los centros de procesamiento de las emociones, lo que hace que el control voluntario no sea fácil; aunque, siempre es posible «engañar» a un potencial observador. Aprender a regular la expresión emocional se considera un indicador de madurez y equilibrio que tiene efectos positivos sobre las relaciones interpersonales.

Es por lo que, en el mundo de las artes dramáticas, los actores y actrices deben estudiar a profundidad estas expresiones emocionales y aprender a dominarlas con base en ejercicios complejos, para lograr el éxito actoral en la representación de cualquier personaje, de lo contrario dejarían ver ante el público evidencias de sus simulaciones.

- ✓ *El componente Cognitivo* o vivencia subjetiva, es lo que a veces se denomina *sentimiento*. Sentimos miedo, angustia, rabia y muchas otras emociones. Para distinguir entre el componente neurofisiológico y el cognitivo, a veces se emplea el término *emoción*, en sentido restrictivo, para describir el estado corporal (es decir, el estado emocional) y se reserva el término sentimiento para aludir a la sensación consciente (cognitivo). El componente cognitivo hace que califiquemos un estado emocional y le demos un nombre, al tiempo que se elaboran representaciones mentales sobre él.

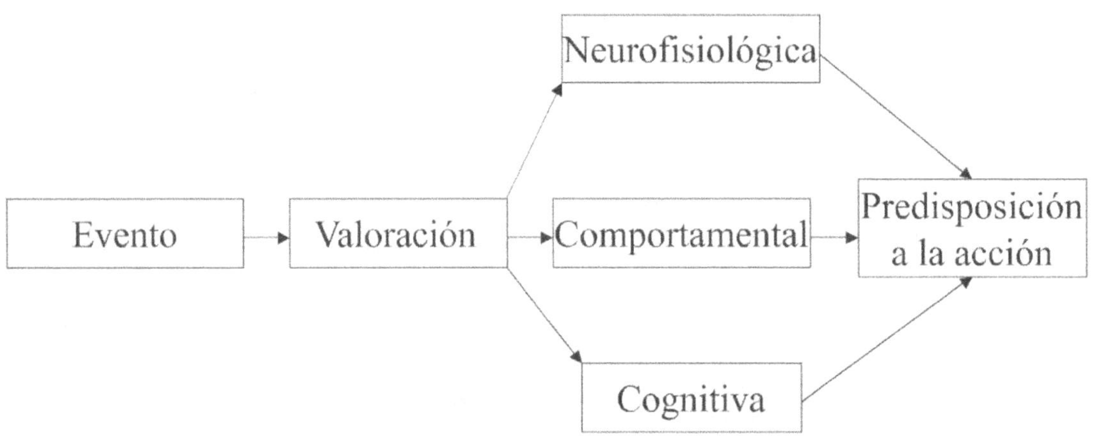

Fuente: Yánez Norma. (2017)

3.- ¿La motivación es la causa y la emoción el motor direccional de la conducta?

La conducta es respuesta de adaptación al entorno y requiere de la información sensitiva y perceptual para que se produzca a nivel hipotalámico un impacto en la valoración de esta información para motivarla. Esta conducta en sus tres componentes: Neurofisiológico, Emotivo-afectivo y Cognitivo, es direccionada por la emoción que la acompaña, hacía el goce y disfrute placentero o, por el contrario, hacia la confrontación del disgusto y displacer.

La mayoría de los investigadores señalan que una lista de emociones básicas incluye, como mínimo, alegría, ira, temor, tristeza y disgusto. Otras listas son muchos más amplias e incluyen emociones como: sorpresa, satisfacción, culpa y gozo. (Plutchik, 1980; Ortony y Turner, 1990; Russell, 1991; Ekman, 1994).

Las emociones consideradas por la Dra. Yánez, Norma (2017) para la exploración estadística en su trabajo doctoral, corresponden a las de mayor frecuencia y se presentan en el siguiente cuadro:

Emociones	Emociones negativas	•Miedo
		•Tristeza
		•Ansiedad
		•Rabia
	Emociones positivas	•Fe
		•Seguridad
		•Optimismo
		•Esperanza
	Emociones sociales	•Confianza
		•Gratitud
		•Aislamiento
		•Vergüenza

Fuente: Yánez Norma (2017)

Bisquerra (2001) describe las siguientes:

✓ *Alegría*: La emoción de alegría surge cuando la persona evalúa el objeto o acontecimiento como favorable a la consecución de sus metas particulares.

✓ *Enojo/ira*: La ira es una reacción de irritación, furia o cólera desencadenada por la indignación y el enojo de sentir vulnerados nuestros derechos y según este autor se genera cuando tenemos la sensación de haber sido perjudicados, la ira exige una respuesta urgente.

✓ *Miedo*: El miedo es la emoción que se experimenta ante un peligro real e inminente. Es activado por amenazas a nuestro bienestar físico o psíquico; la forma más habitual de afrontar el miedo es la huida o evitar la situación peligrosa. En cuanto al papel del organismo, este mismo autor indica que: "El organismo reacciona rápidamente, movilizando una gran cantidad de energía, de tal forma, que prepara al cuerpo, para responder de manera más intensa de lo que sería capaz en condiciones normales".

✓ *Tristeza:* Se desencadena por una pérdida significativa, además es una respuesta a un suceso pasado y en ésta nadie es culpable, la tristeza se asocia con el llanto; esta emoción puede producir pérdida del placer e interés, por lo que la reducción de actividades es característica de ésta, además hay desmotivación y pérdida de esperanza.

✓ *Felicidad:* Es la forma de valorar la vida en su conjunto, así como un estado de bienestar; este mismo autor relaciona la felicidad con el gozo, la sensación de bienestar, la capacidad de disfrute, el estar contento y la alegría.

✓ *Amor:* El amor es la emoción experimentada por una persona hacia otra persona, ideal, animal o cosa. Existen diversos tipos de amor, entre estos el maternal, erótico, fraterno. En cuanto a la respuesta del organismo Goleman (1996), expone que hay una respuesta de relajación, calma y satisfacción.

No obstante, los aportes anteriores, es importante señalar que, para la mayoría de los investigadores, una lista de emociones básicas incluye como mínimo: alegría, ira, temor, tristeza y disgusto. Otras listas son muchos más amplias e incluyen emociones como: sorpresa, satisfacción, culpa y gozo. (Plutchik, 1980; Ortony y Turner, 1990; Russell, 1991; Ekman, 1994).

Otra respuesta emocional, la constituyen los estados emocionales, caracterizados por su durabilidad o prolongación en el tiempo. Las emociones pueden generar estos estados emocionales, los cuales son impulsados y sostenidos por incidencia desde el nivel cortico verbo-pensante, entre ellos:

✓ *Esperanza:* Un estado emocional (sentimiento o estado de ánimo) con características motivacionales, en donde el objeto de la esperanza es percibido como importante y en alguna medida controlable. Y la acción de la esperanza puede parecer no estar relacionada con el logro de la meta para los observadores, pero si para la persona esperanzada. (Romero, 1990).

En el estudio de los Estados Emocionales Robert S. Feldman (2005) se señalan:

✓ *Estresores Personales*: Sucesos importantes en la vida, como la muerte de un miembro de la familia, con las consecuencias inmediatas negativas y que en general se desvanecen con el tiempo.

✓ *Trastorno de Estrés Postraumático* (TEPT): Es el fenómeno en el que las víctimas de catástrofes o fuertes estresores personales experimentan efectos duraderos, como experimentar de nuevo el suceso en remembranzas súbitas o sueños vividos.

✓ *Estresores de la Vida Diaria:* Son molestias cotidianas, como quedar atrapado en el embotellamiento de tránsito, que ocasionan motivos de irritación menores y pueden tener efectos en la salud duraderos si continúan o se agravan con otros sucesos estresantes.

✓ *Afrontamiento del Estrés*: Son los efectos por controlar, reducir o aprender a tolerar las amenazas que conducen al estrés.

✓ *Mecanismos de Defensa*: Estrategias inconscientes con que las personas reducen la ansiedad al ocultar su fuente para sí y los demás.

✓ *Desesperanza Aprendida*: Es el estado en el que la persona llega a la conclusión de que no puede controlar los estímulos que le son desagradables o aversivos, visión del mundo que se arraiga tanto que el individuo deja de esforzarse por remediar las circunstancias aversivas, aunque estas ejerzan en realidad cierta influencia.

✓ *Resistencia:* Es la característica de la personalidad asociada con un índice menor de afecciones relacionadas con el estrés, consistente en tres componentes: compromiso, desafío y control.

✓ *Compromiso*: Es un valor que está en la conciencia de la persona, que le permite reflexionar, administrar, orientar y valorar las consecuencias de sus actos, siempre en el plano de lo moral o ético. Es la necesidad o impulso a responder ante las responsabilidades y obligaciones que se contraen: Es obligarse moral o jurídicamente, al cumplimiento de una obligación, generando responsabilidad para el autor de la promesa. (Yánez Norma 2017).

4.- ¿El control de las emociones es inteligencia emocional?

La doctora Yánez, en su tesis doctoral realizada en 2017, se apoyó en el modelo presentado por el Dr. Bar-on en 1988, en su tesis doctoral: *"The developmnet of a concept of psychologicalwell-being"*, la cual constituyó la base de sus posteriores formulaciones sobre la inteligencia emocional (Bar-On, 1997) y su medida a través del Inventario EQ-I (*Bar-On Emotional Quotient Inventory*). El modelo está compuesto por diversos aspectos: componente intrapersonal, componente interpersonal, componente del estado de ánimo en general, componentes de adaptabilidad, componentes del manejo del estrés.

Componentes de la inteligencia emocional	Componente intrapersonal	•Comprensión emocional de sí mismo
		•Asertividad
		•Auto concepto
		•Autorrealización
		•Independencia
	Componente Interpersonal	•Empatía
		•Relaciones interpersonales
		•Responsabilidad social
	Componentes de adaptabilidad	•Solución de problemas
		•Prueba de la realidad
		•Flexibilidad
	Componente del manejo de estrés	• Tolerancia al estrés
		•Control de los impulsos
	Componente de estado de ánimo	•Felicidad
		•Optimismo

Fuente: Yánez Norma, (2017)

1.- Componente Intrapersonal: Se encuentra conformado por:

✓ *Comprensión Emocional de sí mismo*: Habilidad para comprender sentimientos y emociones, diferenciarlos y conocer la causa de los mismos.

✓ *Asertividad*: Habilidad para expresar sentimientos, creencias, sin dañar los sentimientos de los demás y, defender nuestros derechos de una manera no destructiva.

✓ *Auto concepto*: Capacidad para comprender, aceptar y respetarse a sí mismo, aceptando los aspectos positivos y negativos, así como las limitaciones.

✓ *Autorrealización*: Habilidad para realizar lo que realmente podemos, deseamos y se disfruta.

✓ *Independencia*: Capacidad para auto dirigirse, sentirse seguro de sí mismo en nuestros pensamientos, acciones y, ser independientes emocionalmente para tomar decisiones.

2.- Componente Interpersonal: se encuentra conformado por:

✓ *Empatía*: Habilidad para sentir, comprender y apreciar los sentimientos de los demás.

✓ *Relaciones Interpersonales*: Capacidad para establecer y mantener relaciones satisfactorias, caracterizadas por una cercanía emocional.

✓ *Responsabilidad Social*: Habilidad para mostrarse como una persona cooperante, que contribuye, que es un miembro constructivo, del grupo social.

3.- Componentes de Adaptabilidad: Se encuentra conformado por:

✓ *Solución de Problemas*: Capacidad para identificar y definir los problemas y, generar e implementar soluciones efectivas.

✓ *Prueba de la Realidad*: Habilidad para evaluar la correspondencia entre lo que experimentamos y lo que en realidad existe.

✓ *Flexibilidad*: Habilidad para realizar o ajuste adecuado de nuestras emociones, pensamientos y conductas a situaciones y condiciones cambiantes.

4.- Componentes del Manejo del Estrés: Se encuentra conformado por:

✓ *Tolerancia al Estrés*: Capacidad para soportar eventos adversos, situaciones estresantes y fuertes emociones.

✓ *Control de los Impulsos*: Habilidad para resistir y controlar emociones.

5.- Componente del Estado de Ánimo en general: Se encuentra conformado por:

✓ *Felicidad*: Capacidad para sentir satisfacción con nuestra vida.

✓ *Optimismo*: Habilidad para ver el aspecto más positivo de la vida.

El modelo emplea la expresión *"inteligencia emocional y social"* haciendo referencia a las competencias sociales que se deben tener para desenvolverse en la vida. La modificabilidad de la inteligencia emocional y social es superior a la inteligencia cognitiva. Bar-On (1997)

Vivas y Gallego (2008), definen la inteligencia emocional en términos de una serie de rasgos y capacidades relacionados con el conocimiento emocional y social. Incluye habilidades relacionadas con identificación, comprensión de las emociones en los otros, así como para relacionarse emocionalmente de manera positiva; capacidad para tratar con las emociones fuertes y controlar los impulsos, y capacidad de adaptación y resolución de problemas de naturaleza personal o social.

Bar-On (2000) concibe la inteligencia emocional y social como una vía para interrelacionar habilidades emocionales, personales y sociales que influyen en la capacidad general para hacer frente activa y efectivamente a las demandas y presiones diarias.

Vivas y Gallego (2008) resumen la estructura del modelo de inteligencia emocional de Bar-On entorno a diez (10) componentes a saber:

- ✓ Auto consideración: Apreciación exacta de uno mismo.
- ✓ Autoconciencia Emocional: Capacidad de estar consciente y comprender las emociones de uno mismo.
- ✓ Asertividad: Capacidad para expresar constructivamente las emociones.
- ✓ Relaciones Interpersonales: Capacidad para relacionarse bien con los demás.
- ✓ Empatía: Capacidad para estar consciente y comprender las emociones de

otros.

✓ Tolerancia: Capacidad para manejar efectivamente nuestras emociones.

✓ Control de la Impulsividad: Capacidad para controlar las emociones.

✓ Evaluación Realista: Capacidad para validar objetivamente nuestros sentimientos y pensamientos.

✓ Flexibilidad: Capacidad para adaptar y ajustar nuestros sentimientos y pensamientos a nuevas situaciones.

✓ Resolución de Problemas: Capacidad para resolver problemas de naturaleza personal y social, eficaz y constructivamente.

Este modelo de Bar-On (1.988) comparte con el modelo de Goleman (2010) los componentes intrapersonal e interpersonal, que Goleman denomina componentes personal y social y luego complementa con tres componentes no contemplados por Goleman: Componente de Adaptabilidad, Componente del Manejo del Estrés y Componente del Estado de Animo.

El punto de vista de Goleman (1995) probablemente es el que más se ha difundido. Ahorra, recogiendo las aportaciones de Mayer, Caruso y Salovey (2000), se puede considerar que la *inteligencia emocional* es:

✓ *Conocer las propias emociones*: El principio de Sócrates «conócete a ti mismo» nos habla de esta pieza clave de la inteligencia emocional: tener conciencia de las propias emociones; reconocer un sentimiento en el momento en que ocurre. Una incapacidad en este sentido nos deja a merced de las emociones incontroladas.

✓ *Manejar las emociones*: La habilidad para manejar los propios sentimientos a fin de que se expresen de forma apropiada se fundamenta en la toma de conciencia de las propias emociones. La habilidad para suavizar expresiones de ira, furia o irritabilidad es fundamental en las relaciones interpersonales.

✓ *Motivarse a sí mismo*: Una emoción tiende a impulsar una acción. Por eso las emociones y la motivación están íntimamente interrelacionados. Encaminar las emociones, y la motivación consecuente, hacia el logro de objetivos es esencial para prestar atención, auto motivarse, manejarse y realizar actividades creativas. El autocontrol emocional conlleva a demorar gratificaciones y dominar la impulsividad, lo cual suele estar presente en el logro de muchos objetivos. Las personas que poseen estas habilidades tienden a ser más productivas y efectivas en las actividades que emprenden.

✓ *Reconocer las emociones de los demás*: El don de gentes fundamental es la empatía, la cual se basa en el conocimiento de las propias emociones. La empatía es el fundamento del altruismo. Las personas empáticas sintonizan mejor con las sutiles señales que indican lo que los demás necesitan o desean. Esto las hace apropiadas para las profesiones de la ayuda y servicios en sentido amplio (profesores, orientadores, pedagogos, psicólogos, psicopedagogos, médicos, abogados, expertos en ventas, etc.).

✓ *Establecer relaciones*: El arte de establecer buenas relaciones con los demás es, en gran medida, la habilidad de manejar sus emociones. La competencia social y las habilidades que conlleva son la base del liderazgo, popularidad y eficiencia interpersonal. Las personas que dominan estas habilidades sociales son capaces de interactuar de forma suave y efectiva con los demás.

Otros autores se han ocupado de definir el concepto de inteligencia emocional y algunos abogan por un marco más amplio, en la cual incluyen todo lo que no queda contemplado en la inteligencia académica, como control del impulso, automotivación, relaciones sociales, etc. (Goleman, 1995; Bar-On, 1997, 2000).

Otros se inclinan más por un concepto restrictivo de inteligencia emocional. En esta última postura están los que consideran que los conceptos científicos son específicos y restrictivos y que en la medida que dejan de serlo pasan a ser divulgaciones acientíficas. Mayer, Salovey y Caruso (2000) están en esa última postura.

La conclusión es que hay claras divergencias entre el concepto que se tiene de inteligencia emocional según los autores. El análisis de las definiciones ya presentadas, pone de manifiesto sus discrepancias. Por otra parte, conviene recordar que las discrepancias sobre el concepto de inteligencia han estado presentes a lo largo de todo el siglo XX.

Las aportaciones de la neurociencia no permiten dirimir el litigio entre los dos modelos de inteligencia emocional (amplio o restrictivo). Sin embargo, estas investigaciones aportan evidencia que apoyan la existencia de una inteligencia emocional, entendida como un conjunto de habilidades que son distintas de las habilidades cognitivas o Coeficiente Intelectual.

No han faltado autores que critiquen la propuesta de una inteligencia emocional (Hedlund y Sternberg, 2000). Davies et al. (1998), a partir de una investigación empírica llegan a una conclusión crítica: tal vez el concepto de inteligencia emocional no sea realmente una aptitud mental. Estos autores se cuestionan que se pueda incluir en la tradición psicométrica de inteligencia. Los datos ponen de manifiesto la dificultad de operacionalizarla.

En contraposición, Mayer, Caruso y Salovey (2001) se han centrado en establecer las propiedades psicométricas del constructo inteligencia emocional. Su objetivo es demostrar que el MEIS (Multifactor Emotional Intelligence Scale) satisface los criterios para ser considerada una prueba psicométrica. Concluyen que se refiere a un «pensador con un corazón» que percibe, comprende y maneja relaciones sociales.

La inteligencia emocional y el proceso emocional

Fuente: Goleman y Cherniss, (2005)

Goleman (1998) propone que la inteligencia emocional cuenta con dos categorías globales de competencia, y que ambas están relacionadas con la regulación del proceso emocional.

La primera es competencia personal e implica conciencia de uno mismo, autorregulación y automotivación. La velocidad asombrosa con la que se produce el proceso emocional, convierte en importantes situaciones sociales a las dos primeras competencias personales. Evitan que la persona responda a los estímulos emocionales antes de contemplar las consecuencias de tal respuesta. En realidad, la inteligencia emocional implica una aguda conciencia del proceso emocional y la capacidad de regularlo de manera eficaz (Goleman y Cherniss 2005).

La segunda categoría de competencia que define la inteligencia emocional es la competencia social (Goleman, 1998). Eso implica conciencia social y habilidades sociales, que a su vez incluyen la capacidad para etiquetar y reconocer las emociones, necesidades y preocupaciones de los demás, y la capacidad para ayudar a los demás a regular sus emociones a fin de obtener respuestas deseables; por ejemplo, aumentar los resultados positivos y moderar los negativos. (Goleman y Cherniss 2005).

El término inteligencia emocional, hace referencia a la capacidad que tienen las personas de percibir y expresar emociones, de asimilar las emociones en el pensamiento, de comprender y razonar con las emociones y de regular las emociones en uno mismo y en los demás (Mayer, Salvey y Caruso (2002) citado por Goleman y Cherniss 2005). Adicionalmente, la inteligencia emocional es el uso inteligente de las emociones; es decir, hacer que intencionalmente, las emociones trabajen utilizándolas de manera que ayuden a guiar la conducta y los procesos de pensamiento a fin de alcanzar mejores resultados.

La inteligencia emocional puede ser entendida como un aspecto que se relaciona con la capacidad de reconocer los propios sentimientos, los sentimientos de los demás y la motivación para conducir las relaciones con nosotros mismos y con los demás adecuadamente. En consecuencia, cuando las personas gobiernan adecuadamente sus emociones, saben interpretarlas y relacionarlas efectivamente con las de los demás, disfrutan de una situación ventajosa en todos los aspectos de su vida. Yánez Norma (2017).

De esta forma, el conocimiento propio de las emociones, suele hacer sentir a las personas satisfechas, ser más eficaces y capaces de dominar los hábitos mentales que determinan la productividad. A partir de lo expresado, puede entenderse que la inteligencia emocional se defina como la capacidad para expresar, controlar y reconocer las emociones propias y las de los demás.

La discusión sobre el concepto de inteligencia emocional, sigue abierta. Independientemente de los avances que se puedan producir en el campo teórico, las aplicaciones que de ello se derivan, van en la dirección de la existencia de unas competencias emocionales que pueden ser desarrolladas.

5.- ¿La motivación puede ser consciente o inconsciente?

La conducta emotiva-afectiva tiene su origen y desarrollo a nivel sub-cortical y sus procesos no son dependientes del nivel cortical-verbo pensante. No obstante, lo argumentos, razones, y las creencias, pueden tener incidencia que interfiere, favorece o intenta bloquear, aunque no plenamente su origen y desarrollo, a través de la inteligencia emocional.

De esta manera, las emociones se originan de manera autónoma y no siguen un control cortical verbo-pensante predeterminado. Mediante la Inteligencia Emocional se podría intentar controlar las emociones y direccionar   los estados de ánimo desde el nivel cortical.

Por esta razón muchas respuestas de adaptación al entorno, en los planos neurofisiológico, emotivo-afectivo, y cognitivo, no se corresponden con una decisión consciente, asumida voluntariamente como tal. En oportunidades, es la misma conducta en desarrollo la que advierte al nivel cortical verbo-pensante de su existencia y la persona se pregunta ¿Qué ocurre? Y ¿Esto por qué? - ¿Por qué hice lo que hice? o ¿Por qué deje de hacer lo que estaba haciendo? o ¿Por qué lo hice de esta manera? y ¿Por qué no lo hice de otra forma?

Estos interrogantes no se presentan o de hacerlo, tendrían una respuesta clara y concreta de manera inmediata en el caso de las conductas conscientes y voluntarias. En cambio, quedan sin respuesta cuando las conductas se dan con motivaciones generadas desde lo inconsciente. La persona actuó y su conducta dio respuesta de adaptación de forma no plenamente voluntaria y se dio cuenta de ello, por el desarrollo de la misma conducta y la información que originó dando pie a los interrogantes ya planteados.

6- ¿La conducta puede ser voluntaria o involuntaria?

La conducta de la respuesta inmediata es completamente involuntaria, así mismo como las conductas motivadas desde lo inconsciente, en ambas hasta cuando entra en acción el nivel cortical verbo-pensante a actuar desde un plano consciente y deliberadamente asume la decisión de las acciones.

La conducta por un principio de economía de energía tiende a repetirse, originando rutinas, hábitos en lo personal y socialmente costumbres y tradiciones. Las emociones que la acompañan y direccionan en su origen y desarrollo no corresponden plenamente al nivel cortico-verbo pensante, en consecuencia, no son absolutamente voluntarias.

Las conductas deliberadas, dan paso a la conciencia ética de acuerdo a la naturaleza de los hechos en su contexto de trascendencia social en relación a los deberes y derechos del entorno. A la conciencia moral en orden a las tradiciones y costumbres del entorno social y a la conveniencia axiológica en orden a la escala de valores personal y del entorno.

En el mundo del ordenamiento jurídico, esta conducta voluntaria, encuentra agravantes y atenuantes, según los factores que intervienen en su desarrollo. Encuentran exención de culpa, las conductas patológicas y cuando los factores llegan a inhibir la voluntad deliberada de hacerlo. En esta situación asume la responsabilidad quien coaccionó la comisión del hecho objeto de sanción.

7.- ¿La mente puede crear imágenes y generar conductas a partir de ellas?

En el nivel cortico verbo pensante, a partir de la información existente en la memoria reciente y remota, la inteligencia puede evocar imágenes del pasado y al hacerlo, las neuronas conectoras pueden impactar los procesos diencefálicos que acompañan la valoración de las imágenes evocadas produciendo en consecuencia, desde el hipotálamo las endorfinas y neurotrasmisores que estimulan la hipófisis, para la secreción de la adrenocorticotropina y esta estimula en la suprarrenal la producción de adrenalina y se realizan los tres componentes secuenciales en una emoción: neurofisiológico, conductual emotivo, y cognitivo, por lo tanto la persona responde ante esta realidad mental, de la misma forma que reaccionaría frente a la realidad.

El nivel cognitivo al hacer consiente la experiencia, toma el control de la conducta que se está generando desde este origen mental de su conducta. Es entonces un proceso que permite la creatividad, el ingenio y puede simular situaciones, prever, imaginar y desarrollar secuencia que en la mente crean mundos particulares propios de los artistas, compositores e inventores.

Esta creatividad permite el afrontamiento positivo requerido para la imaginación de posibles escenarios en la solución de conflictos y creación de soluciones ante las dificultades y carencias.

Este proceso también puede generarse en estado de sueño y las imágenes que se forman se conocen con el nombre de imágenes oníricas y las secuencias que se crean entre ellas pueden corresponder a imágenes de un pasado reciente o de un pasado remoto, o pueden ser construcciones a partir de ellas y pueden acompañarse de emociones e incluso de respuestas conductuales que se conocen como sonambulismo.

Pueden surgir conflictos cuando la persona pierde la noción de su creación mental y por sobre estimulación de los factores que intervienen en su creación, confundir el mundo de ficción creado, con la realidad y en consecuencia desajustar el orden del mundo real en el que existe para trasladarse a su mundo de fantasía y esto evidentemente es patología. Esto requiere evaluación para detectar el tipo de desorden que lo ocasiona y el tratamiento para corregirlo. Por supuesto no corresponde al campo del profesional de la Orientación. Debe ser remitido al Psicólogo Clínico o al Médico Psiquiatra para su evaluación y tratamiento.

8.- ¿Pueden existir conflictos personales en la conducta?

Siempre la motivación conductual se origina desde la respuesta al estímulo por placer o por displacer en la percepción y las emociones que acompañan el desarrollo de los procesos conductuales. Pero estos procesos no son evidentes y claramente asumidos como conductas deliberadamente decididos en todos los casos.

Esta falta de evidencia en el plano cortical a nivel verbo-pensante, permite el avance y desarrollo de procesos conductuales que responden a requerimientos inconscientes, creando estados emocionales, conductas y formas de ejecución de las conductas, y el desarrollo de procesos mentales que direccionan el pensamiento, lo que compromete a la persona en su relación con el entorno y retroalimenta en sus efectos, el desarrollo y consolidación en el avance de estos mismos procesos.

En este dinamismo psicológico se crean estados de ánimo, que en cuanto satisfacen los propósitos emocionales que los acompañan, se fortalecen y generan a nivel mental conciencia de satisfacción, gozo, y disfrute en la interacción con el entorno en esos términos.

La memoria fija y conserva esta información tanto y en cuanto es fuente de gozo y disfrute en calidad de vida. Y en cuanto se repite, construye caminos o derroteros para los procesos de estas conductas, las cuales, por economía de energía, la persona tratará de repetir. De allí la tendencia humana a la rutina, a los hábitos en lo personal y a los usos y costumbres en lo social o colectivo.

Estos procesos se producen de forma diferente en el caso de la estimulación por displacer no plenamente evidente, a diferencia de lo ocurrido anteriormente que inconscientemente busca satisfacer la necesidad de las emociones en su direccionalidad al disfrute, aquí en cambio, las emociones tienden al rechazo y bloqueo en la interacción con el entorno por el displacer que ello puedo ocasionar a la persona.

Ahora bien, esta falta de evidencia en el plano cortical a nivel verbo-pensante, permite el avance y desarrollo de procesos conductuales que responden a requerimientos inconscientes de rechazo y bloqueo, creando estados emocionales, conductas y formas de ejecución de las conductas, y el desarrollo de procesos mentales que direccionan el pensamiento, lo que compromete a la persona en su relación con el entorno y retroalimenta en sus efectos, el desarrollo y consolidación en el avance condicionado de estos mismos procesos.

En este dinamismo psicológico se crean estados de ánimo, que en cuanto satisfacen los propósitos emocionales que los acompañan, se fortalecen y generan a nivel mental conciencia de insatisfacción, disgusto, y rechazo en la interacción con el entorno en esos términos.

La memoria fija y conserva esta información tanto y en cuanto es fuente de insatisfacción y disgusto que impide la calidad de vida. Y en cuanto se repite, construye caminos o derroteros para los procesos de estas conductas, las cuales, por economía de energía exitosamente, la persona trata y tratará de repetir. De allí la tendencia humana a la rutina, a los hábitos en lo personal y a los usos y costumbres en lo social o colectivo.

Hasta aquí los procesos conductuales no evidentemente deliberados. Los debidamente deliberados o conductas voluntarias, el nivel cortical verbo pensante, analiza y decide qué hacer y cómo hacerlo y lo asume desde aquí y de manera consciente de las emociones y estados de ánimo que acompañan la ejecución de lo decidido. La memoria conserva las conductas exitosas y olvida con relativa rapidez las no exitosas. Igual que en el caso anterior, en la medida en que las conductas se repiten, ella crea rutas procedimentales que por economía de energía trata y tratará de repetir, generando rutinas y hábitos en lo personal y usos y costumbres en lo colectivo.

Los conflictos personales pueden surgir cuando las conductas que se realizan no generan satisfacción, o los niveles de satisfacción que se esperaba deberían producir, no se producen; cuando la conducta que se realiza solo genera insatisfacción o genera más insatisfacción que la esperada; cuando las circunstancias del entorno obligan a realizar conductas fuente de insatisfacción personal; cuando la persona no sabe cómo poder decidir qué hacer o no hacer para satisfacer sus necesidades, o como evitar la insatisfacción de su conducta.

En la actualidad, señala Andrés Oppenheimer (2015) un equipo de científicos de altísimo nivel, coordinados por el Dr. Rafael Yuste, adelantan estudios con especial apoyo gubernamental de los Estados Unidos, a fin de conocer el funcionamiento de cien mil millones de neuronas que forman el cerebro humano y así poder describir en detalle los procedimientos que a nivel neuronal se dan en lo complejo de las actividades mentales.

Los avances de las ciencias de la conducta han permitido identificar localizaciones cerebrales de distintas funciones que han hecho posible la descripción de los procesos analizados hasta aquí. No obstante, la ciencia no ha logrado penetrar en igual forma el funcionamiento y comunicación de las neuronas para la descripción de los procesos neurales a nivel cortico verbo-pensante, su funcionamiento en las enfermedades mentales y neurológicas.

El mundo de las ciencias espera con especial interés los aportes de estas investigaciones en curso, comparables con los momentos de los descubrimientos en la conquista espacial, el descubrimiento del mundo sub-atómico, entre otros. Estos aportes podrían dar origen a otra manera de entender el comportamiento humano y todo lo que ello implica. Podría ser una revolución en las ciencias de la conducta.

Por lo pronto, aquí y ahora, la naturaleza de los conflictos no siempre es de fácil identificación, porque requieren meta-cognición de los procesos conductuales. Y es el motivo de la búsqueda del apoyo de profesionales de la conducta para la solución de los conflictos.

Si la meta-cognición fuese un proceso sencillo, las personas lo harían simplemente y en consciencia plena de sus procesos conductuales, tomaría decisiones y afrontarían sus consecuencias, manejando las diversas situaciones con absoluta normalidad y sin conflicto. La situación de mayor conflictividad radica en esta dificultad para llevar al nivel de plena conciencia, todo el proceso perceptual y motivacional previo a las respuestas conductuales.

9.- ¿Cuándo se requiere la intervención de la Orientación?

Cuando el estado de ansiedad que acompaña el conflicto de la conducta escapa del control racional que la persona puede tener sobre ella, y la persona no encuentra como poder explicar el motivo que lo ocasiona y no sabe cómo actuar para solucionarlo, se reconoce necesitado de apoyo de un profesional de la conducta.

El profesional de la Orientación, identifica la naturaleza del conflicto, busca la teoría que mejor lo explica y diseña con su utilización la fundamentación de la intervención, las estrategias y las técnicas que de ella se derivan para la solución del caso.

El profesional de la Orientación, de acuerdo con el Artículo 6 del Código de Ética, no debe adjudicarse o atribuirse de modo implícito, una idoneidad profesional que exceda los límites de su capacidad real, y es su responsabilidad, rectificar toda interpretación errónea de la misma, por parte de terceros. Cuando descubre que el caso no es de su competencia, lo remite al profesional de la disciplina que corresponde, cuidando no afectar por ello al orientado.

Los límites y alcances de la relación compartida en los campos propios de las disciplinas afines, en ocasiones se diluyen por distintas razones, no obstante, las perspectivas de enfoque, la teleología de cada disciplina y las exigencias de formación del profesional que interviene, son diferentes y tiene implicaciones epistémicas y éticas que exigen definiciones profesionales de inter y transdiciplinariedad que deben ser tomadas en cuenta, Villa E. G. y Vera G. (2012).

El profesional de la orientación, con frecuencia, al potenciar el desarrollo integral del orientado, atiende situaciones en las que se requiere para toma de decisiones la asesoría o la intervención de otros profesionales y es deber del Orientador señalar o recomendar hacerlo. El orientador no es Médico, no es Abogado, no es Sacerdote o Pastor, no es Psicólogo, no es Trabajador Social y cuando el conflicto requiere a uno de estos profesionales, el Profesional de la Orientación debe en cuanto de él depende, propiciar la debida atención del profesional que el caso requiere. Villa E. G. (2019).

CAPÍTULO IV

LA INTERVENCIÓN DE LA ORIENTACIÓN.

1.- ¿Cuál es la importancia de las Teorías de la Personalidad para el estudio y comprensión de la conducta?

La praxis social de la disciplina de la Medicina Neurológica y de la Medicina Psiquiátrica, a través del estudio y comprensión de los conflictos en la conducta humana y en las patologías de la conducta, creó situaciones que hicieron posible unir experiencias significativas y descubrimientos en el estudio de sus causas, y perfeccionamiento de los constructos sobre su naturaleza y características, que condujeron a la construcción de una visión más amplia en donde patologías y conflictos encuentran significación y se entienden dentro de esos postulados.

El origen de las teorías de la personalidad, ha sido en consecuencia fruto de esta práctica social de la disciplina y las investigaciones y estadísticas que la soportan, validan epistémicamente sus aportes y consolidan el desarrollo de las ciencias de la conducta.

De esta manera, tres elementos se erigen como elementos claves que las identifican y al mismo tiempo, las diferencian entre sí. En primer lugar, la visión sobre la naturaleza del ser humano. En segundo lugar, a la luz de esta concepción, cómo se entiende y se explica la naturaleza del conflicto. En tercer lugar, cómo se afronta dicho conflicto para diseñar la intervención del profesional de la conducta.

2.- ¿Cuál es la importancia de identificar y diferenciar en cada teoría, la concepción de la naturaleza humana, el conflicto que genera ansiedad y las estrategias de intervención?

La visión de la naturaleza humana, sirve de telón de fondo para poder entender y explicar la naturaleza del conflicto. Más aun el conflicto surge por ser el ser humano como en la visión se proclama. Así, por ejemplo, si la persona no fuese vista como un ser pensante y eminentemente racional, las ideas erróneas no fuesen causa de conflictos y en consecuencia motivo de angustia y preocupación. Pero, para quién si cree que el ser humano es un ser pensante y eminentemente racional, sus conflictos generadores de angustia y preocupación, son las ideas erróneas.

Las estrategias y técnicas para intervenir el profesional de la conducta son las que le permiten neutralizar los efectos de los factores señalados como causantes del conflicto o minimizarlos, o si es posible eliminarlos. En el ejemplo mediante confrontación y convencimiento como técnica, demostrar su error y así minimizar su efecto, o sustituirlas por otras verdaderamente correctas.

En esto se fundamentan teóricos de la personalidad para explicar y entender la naturaleza de los conflictos personales de la conducta, para el diseño de los procesos de atención psicológica de intervención del profesional de la conducta. Cada teoría tiene estos tres elementos que las identifica y al mismo tiempo las diferencia, entre otras:

✓ Teoría de Modificación de la Conducta (Uso de reforzadores emocionales) Burrhus Frederic Skinner.

- ✓ Terapia Racional Emotiva (Ideas erróneas). Albert Ellis (1962)

- ✓ Aprendizajes Sociales: (tradiciones costumbres modelajes). Dollard, J. Miller, N.E. (1950); Albert Bandura (1997).

- ✓ Pérdida de Metas, Vacío Existencial de Frankl Viktor E. (1963)

- ✓ Teoría de lo Inconsciente en el Psicoanálisis. Freud Sigmund (1966)

- ✓ Teoría Gestáltica, Frederik Perls (1969)

- ✓ Dibujo Proyectivo (para descubrir la motivación inconsciente de la conducta) Villa Gabriel (2001 – 2004 - 2012).

- ✓ Teoría Multimodal (Interacción de factores incidentes) Arlod Lázarus (2000).

Así mismo, la incidencia de los procesos de la memoria reciente y remota, y la memoria diencefálica, constituyen un fundamento de la conducta, como elemento clave en:

- ✓ El estudio y comprensión del desarrollo de la inteligencia, en la teoría de las Inteligencias múltiples Howard Gadner (2005) y Thomas Armstrong (2006).

- ✓ El desarrollo de la personalidad Freud Sigmund (1966), Erick Erickson (1968), Papalia D. y Olds, S. (1986). y

- ✓ La evolución de los intereses vocacionales Super D. E, y Bachrach P. (1957), Holland, John (1981 y 1992) y Villa Gabriel (2011) entre otros.

3.- ¿Por qué determinar la naturaleza del conflicto es el primer paso en la praxis social de la Orientación?

Los procesos de EMPATÍA y TRANSFERENCIA constituyen elementos claves que condicionan la relación entre el orientador y el orientado y de lo cual depende la posibilidad real del servicio de Orientación Profesional.

En el proceso de empatía, el profesional de la orientación, debe COLOCARSE EN LOS ZAPATOS DEL ORIENTADO, esto es, debe asomarse a la realidad del entorno real del orientado por la misma ventana perceptual por donde él la observa, para poder interpretar lo que percibe. Toda vez que el mundo, no es el mundo, sino lo que él percibe y actúa frente al mundo según lo percibido.

Aquí, todo el mundo previo existente en sus memorias reciente y remota a nivel lateral frontal y en su memoria diencefálica, son determinantes al momento de asociar con la información que llega, no solo para identificarla, sino y es lo que cuenta, para valorarla. En consecuencia, el Profesional de la Orientación tiene su propia percepción y valoración de la realidad observada por el orientado, pero es solo cuando hace el ejercicio de colocarse en el lugar de éste, cuando puede entender la causa de su conducta.

Sin juzgar, sin criticar, ni recriminar. Solo entender lo que pasó, lo que pasa en los procesos que originaron y originan la conducta del orientado y entonces puede dimensionar su conflicto esto es EMPATIA.

De esta manera se crea un clima especial en la relación entre el profesional de la orientación y el orientado, que baja los niveles de prevención o temor en el orientado y crea confianza hacia el profesional de la orientación que facilita el entendimiento y la apertura para poder expresar sus sentimientos y sus opiniones con mayor facilidad y sin temores. Es lo que se llama RAPORT y sin lo cual los procesos comunicacionales no podrían fluir en los niveles requeridos para la relación de orientación.

Cuando estos procesos se dan de manera adecuada en la relación entre el Orientado y el profesional de la orientación, el orientado experimenta una sensación de bienestar y alivio por poder compartir con otra persona el conocimiento y la experiencia que antes y ahora le afligen y le ocasionan conflicto. Se siente escuchado, se siente entendido, siente que no es juzgado, no es criticado, no es recriminado.

Esto le alivia su conflicto y ahora se siente en confianza para libremente poder hacer catarsis, lo que establece en esta relación, una valoración especial que de alguna manera empodera al profesional de la orientación para confiarle sus secretos y esperar de este profesional una respuesta más que empática, de comprensión y apoyo. Esto es TRANSFERENCIA, y sin ella no es posible la plena comunicación del yo profundo del orientado al profesional de la orientación.

Mientras estos procesos se desarrollan en la entrevista, el Profesional de la Orientación mentalmente, va analizando las verbalizaciones del orientado y su lenguaje corporal, para establecer coherencias e ir diferenciando lenguaje hablado y mensajes ocultos a través de su lenguaje corporal y va fortaleciendo los procesos antes señalados, utilizando técnicas de la terapia centrada en el orientado, Carl Rogers (1956).

4.- ¿Cuáles son las características del inicio de la intervención de la Orientación tomadas de la "terapia centrada en el cliente"?

> El profesional de la orientación se centra en el orientado para lo que está diciendo con referencia al contenido, al sentimiento, y la importancia que ello tiene para él y le comunica esta comprensión.

> El profesional de la orientación interpreta lo que el orientado ha manifestado, ofreciéndole un resumen o una síntesis de los sentimientos expresados.

> El profesional de la orientación acepta simplemente lo que el orientado ha manifestado, añadiendo alguna señal que implique lo que ha sido comprendido.

> El profesional de la orientación desde el punto de vista del orientado, le define, en el momento en que tiene sentido hacerlo, la naturaleza de la relación de orientación, las expectativas de la situación y los límites de la relación de orientación.

> El profesional de la orientación le comunica al orientado, mediante gestos, postura y expresión facial, tanto como mediante palabras, una sensación de aceptación y confianza en la capacidad de aquel para manejar sus problemas.

> El profesional de la orientación responde a preguntas y suministra información cuando esas respuestas parecen oportunas para el proceso de intervención, pero puede abstenerse de proporcionar información cuando en la pregunta parece hallarse implicada la cuestión de la dependencia.

> El profesional de la orientación participa activamente en la intervención, manifestándose alerta, tratando de advertir los matices afectivos,

interrumpiendo al orientado si es necesario para dejar claro que el proceso de intervención, comprende lo que aquel dice y siente.

Para Rogers en la terapia centrada en el cliente: "Nadie ayuda a nadie" y en consecuencia la mejor atención es cuando el terapeuta puede servirle de "espejo" al cliente.

Esta fase inicial de la INTERVENCIÓN DE LA ORIENTACIÓN, puede durar una entrevista, dos, tres, el número que se requiera hasta cuando el profesional de la Orientación logra establecer la naturaleza del conflicto, los factores intervinientes que lo originaron u originan y es en este momento, cuando inicia el caso con el diseño de intervención apoyándose en la teoría que mejor explica esta naturaleza.

De esta manera, es sí y solo sí, y en cuanto se identifica la naturaleza del conflicto, que el caso tiene posibilidades de intervención. Mientras no ocurra esta identificación, NO HAY CASO. Es cuando se identifica la naturaleza del conflicto, cuando el profesional de la orientación puede hacer diagnóstico y pronóstico, en consecuencia, diseñar los pasos a seguir para que el orientado pueda modificar el impacto de los factores intervinientes, por lo tanto, superar el conflicto y modificar las conductas inadecuadas o suprimirlas.

5.- ¿Al descubrir la causa del conflicto se determina su naturaleza?

Evidentemente, no son los hechos o acontecimientos en sí, los que originan los conflictos, es más bien, el cómo se les percibe. De manera que un mismo hecho es fuente de conflicto, sufrimiento y dolor para alguien, mientras es fuente de alegría, regocijo y felicidad para otros. Todo depende de la particular percepción que de él se tiene en cada uno de ellos.

Una vez que se responden los interrogantes: ¿por qué se da el conflicto?, ¿Cómo se produjo el hecho o los hechos que motivan el conflicto? Surgen otros interrogantes, que ayudan a complementar y precisar la información SOLO EN CASO DE SER NECESARIO: ¿Qué o Quién? ¿Cuándo? ¿Dónde? ¿Con qué? ¿Con quién? y las respuestas más que dimensionar los hechos enriquecen y estimulan al Profesional de la Orientación, para descubrir las emociones que despertaron en el orientado su ocurrencia y señalar las causas de ello.

De esta manera, en la entrevista inicial, o en el momento en el que se identifica la naturaleza del conflicto, es necesario observar y explorar las causas según sea el nivel del mismo:

- ✓ *Nivel cognitivo:* Asociado a estructuras mentales, ideas, creencias, elementos culturales de usos y costumbres, como también a los procesos de desarrollo cognitivos y de aprendizaje

- ✓ *Nivel emotivo-afectivo:* Asociado a estados emocionales, sentimentales, temperamentales en su relación con el entorno Psicosocial. Y a los procesos emotivo afectivos de integración familiar, organizacional y comunitario.

- ✓ *Nivel conductual*: Asociado a comportamientos inadecuados que escapan de su control voluntario en su relación con el entorno.

- ✓ *Nivel inconsciente:* Asociado a conductas inadecuadas fuera de una explicación lógica acompañada de emociones y estados de ánimo sin explicación racional.

6.- ¿La naturaleza del conflicto direcciona la búsqueda de la teoría que mejor lo explica y ella, las estrategias más adecuadas de intervención?

El profesional de la orientación, una vez identifica la naturaleza del conflicto, y mediante técnicas de exploración, va descubriendo indicadores que le permiten seleccionar dentro de los científicos de la conducta, la teoría que mejor sirve para explicar la situación del orientado y consulta con él, su disposición real para trabajar en dirección a la superación del conflicto.

El profesional de la Orientación hace un diagnóstico y un pronóstico de la situación al orientado y dependiendo de la teoría seleccionada, inicia el protocolo establecido para su aplicación, introduciendo los requerimientos que ella implica y la aceptación del orientado a cumplir con las tareas exigidas en el proceso de intervención.

Se programa una nueva entrevista y en el tiempo que transcurre antes de la nueva cita, el Profesional de la Orientación repasa los postulados de la teoría, las estrategias y técnicas, para su aplicación elabora el diseño de la intervención con la información que maneja.

Puede ocurrir que el Profesional de la Orientación, descubra serios indicios de la presencia de patología en las conductas en observación y estudio en el orientado. En ese momento, sin alarmar al orientado, debe remitir el caso al Psicólogo Clínico para su diagnóstico, pero si sospecha de causas orgánicas del posible trastorno, entonces debe enviar el caso directamente al Médico Psiquiatra para evaluación y tratamiento.

El profesional de la salud es quién ahora deberá asumir la atención del caso y podrá, si lo estima conveniente, coordinar la atención interdisciplinaria de acuerdo con los dos profesionales, atenderán la atención del mismo.

También podría ocurrir, que el Profesional de la Orientación, descubra en este momento que el mundo de creencias, o valores, del orientado sean opuestos radicalmente a los suyos, al punto de interferir en la conducción del caso. En tal situación, el Profesional de la Orientación debe, sin entrar en polémica, sin alterar al orientado, ni alterarse, remitir con prudencia el caso a un colega con formación para la atención del tipo de conflicto en estudio.

7.- ¿En la entrevista inicial es necesario explorar todas las áreas?

La visión holística asumida en las ciencias humanas para el estudio y comprensión de la conducta, implica la aceptación de integralidad en todo lo referente al ser humano: En lo Biológico, en lo Psicológico, en lo Social, en lo Ecológico y en lo Trascendente. Entendiendo que cada uno de estos elementos solo es una perspectiva de abordar el ser humano para un mejor entendimiento y una mejor comprensión de él y su conducta, pero sin olvidar la interdependencia de estos elementos y la unidad del ser humano.

En consecuencia, el modelo de integralidad en la Orientación, establece el deber ético para su praxis social, de una exploración consecuente que incorpore en la exploración sobre la conducta en observación y el estudio de la incidencia de todos estos elementos en el conflicto y al hacerlo, visualizar las distintas áreas de la orientación. Villa E. Gabriel 2014-2 (Artículos 11 y 28 del Código de Ética del Profesional de la Orientación).

Es posible que un conflicto de la conducta solo afecte un determinado elemento de la persona o una determinada área de la Orientación. También es posible que afecte varios elementos o áreas simultáneamente, que por la integralidad del ser humano y de la Orientación, requieren que se tenga en cuenta esta interdependencia para el diseño de la intervención. No hacerlo, constituye no solo un error, sino una mala praxis y grave falta que viola el ordenamiento del Código de Ética. Villa E. G. y Vera G. (2012).

8.- ¿En la entrevista inicial es necesario observar y explorar las causas según sea el nivel de la naturaleza del conflicto?

El profesional de la orientación mediante la exploración y a través de la observación y análisis del lenguaje expreso y del lenguaje corporal, descubre las implicaciones y alcances del conflicto y los factores que lo precipitaron y en consecuencia el nivel en donde se ubica la causa del mismo.

Para poder entender la natural del conflicto y en consecuencia ubicar la teoría que mejor lo explica a fin de poder diseñar la intervención, es necesario ubicar el nivel en donde se encuentra la causa real del caso en estudio. Estos niveles en donde se pueden ubicar los factores fuente de conflicto pueden ser:

8.1.- Nivel cognitivo:

Cuando la causa de la situación conflicto se encuentra referenciado al marco de creencia, ideas o pensamientos del orientado y en consecuencia son los autores y teorías cognitivo conductuales, las que podrán ser utilizadas para el posible diseño de intervención, según la mejor expliquen el conflicto en estudio.

8.2.- Nivel emotivo-afectivo:

Cuando la causa de la situación conflicto se encuentra referenciado al marco emocional y sentimental del orientado, en consecuencia, son los autores y teorías de este nivel centrado en el cliente, las que podrán servir de apoyo para el estudio y comprensión del caso en estudio y en consecuencia para el diseño de intervención

8.3.- Nivel conductual:

Cuando la causa de la situación conflicto se encuentra en conductas indeseadas o inadecuadas, que requieren de modificación según el estudio del caso, a la luz de los autores y teorías de modificación de conducta que mejor expliquen la naturaleza del conflicto, en consecuencia, está sería la que fundamente el diseño de intervención.

8.4.- Nivel inconsciente:

Cuando la causa de la situación conflicto se encuentra referenciada a factores no conscientes para el orientado y vinculados a vivencias no resueltas adecuadamente en su pasado o a motivaciones que definitivamente lo impulsan a conductas sin explicación consciente. Requiere para su exploración el uso transdiciplinario de instrumentos como el Dibujo Proyectivo para esta fase exploratoria.

En todos los niveles, cuando el Profesional de la Orientación identifica la naturaleza del conflicto, ubica sus posibles causas y descubre o sospecha de la existencia de factores incidente de tipo patológico, está en el deber ético de remitir el caso (Art. 6 - 51 y 56 CEPO - 2001).

9.- ¿Cómo diseñar la intervención cuando la observación y la exploración señalan un solo nivel y una sola área?

Una vez establecida la naturaleza del conflicto y mientras explora los factores incidentes, mentalmente busca la teoría que mejor explica la naturaleza de este tipo de conflicto. El profesional hace el diagnóstico y el pronóstico de la situación conflictiva desde la perspectiva de la teoría seleccionada. Corrobora con el orientado su voluntad de superar el conflicto y el compromiso de realizar las acciones que en el desarrollo de la intervención haya lugar. Luego concierta una nueva cita con el orientado y en el tiempo anterior a ella, el profesional de la orientación repasa los principios y postulados de la teoría, la visión del conflicto, las estrategias y técnicas.

A partir de la información que conoce sobre el orientado y los factores intervinientes en su conducta, el profesional de la conducta selecciona las estrategias a aplicar, redacta los objetivos y selecciona las técnicas a desarrollar, establece un estimado de la ruta a seguir y el tiempo requerido para ello. Selecciona el material de apoyo disponible o los recursos para su elaboración. Elabora el plan de acción.

Al momento de realizar la siguiente entrevista, recuerda el diagnóstico y pronóstico y señala al orientado la ruta a seguir. Según la teoría seleccionada explica al orientado brevemente la visión del ser humano y la naturaleza del conflicto en la teoría que se va a utilizar y da inicio a los protocolos que la teoría exige para su aplicación si los tiene, y se da inicio al plan de intervención. Cuidando de hacer el monitoreo y de ser necesario, introducir las modificaciones a que haya lugar.

10.- ¿Un caso podría presentar incidencia en varios niveles y en diferentes áreas al mismo tiempo?

Si, por la integralidad del ser humano y la interdependencia de los elementos que lo constituyen, los conflictos pueden incidir en varios niveles de su naturaleza, de hecho, en el origen de la conducta interactúan tres componentes: el neurológico, el emotivo afectivo y el cognitivo verbo-pensante y cada uno con su aporte, la hace posible y sin ello, la conducta humana no lo sería. Sin los dos primeros no existe y sin el tercero no sería conducta humana.

Una vez generada la conducta, en el desarrollo de su acción, los conflictos pueden originarse en uno de los niveles, cognitivo, emotivo, conductual o inconsciente y afectar alguno de los otros, o inclusive a todos. Al mismo tiempo se origina en un área y puede afectar otra u otras áreas. En este caso la situación conflictiva no es sencilla y requiere del Profesional de la Orientación una atención especial para determinar la ruta de incidencia. Esto es ¿Quién incide en que? Y si existe o no una secuencia de incidencias.

No es lo mismo que por motivo de salud se afecten sus relaciones interpersonales y esto afecte sus estados de ánimo. Otra cosa muy diferente es que sus relaciones interpersonales afecten su estado de ánimo y esto afecte su salud. Y otra situación diferente es, que su estado de ánimo afecte su salud y esto sus relaciones interpersonales.

En el ejemplo anterior podemos señalar una ruta de incidencia entre los factores a – b y c.

Caso 1.- a (Salud) incide en **b** (Relaciones Interpersonales) y esto en **c** (Estado de ánimo).

Caso 2.- b (relaciones interpersonales) incide en **c** (Estado de ánimo) y esto en **a** (Salud).

Caso 3.- c (Estado de ánimo) incide en **a** (Salud) y este en **b** (Relaciones interpersonales).

El Profesional de la Orientación al momento de elaborar el diagnóstico y el pronóstico, debe seguir la ruta de secuencia de la incidencia. Y aunque los tres elementos presentes en las tres situaciones, sean los mismos, el proceso de su relación causal es diferente de un caso a los demás y en consecuencia requiere de tres diagnósticos y sus respectivos pronósticos y en consecuencia de tres diferentes diseños de intervención

La clave de la intervención esta en seguir estrictamente el orden secuencial de la incidencia para establecer las prioridades en los pasos a seguir. Si se altera el orden se alteran los resultados, pues no se afecta la causalidad de la incidencia que precipita las respuestas conductuales en la secuencia, por consiguiente, el conflicto no se resuelve y puede inclusive agravarse.

En el caso número 1 del ejemplo, el factor **a** (la salud) es prioridad en la cadena de secuencia y por lo tanto debe ser atendida, de lo contrario el factor **b** (relaciones interpersonales) no se modifica, el conflicto continuaría y evidentemente fracasaría cualquier intento de modificar el factor **c** (estado de ánimo).

En consecuencia, si el diseño de la intervención en el caso 1 inicia con el factor **b** o **c** la conducta podría presentar algunos cambios temporales, pero pasado el efecto de los elementos intervinientes, la conducta inadecuada inicial, fuente del conflicto retorna, toda vez que la causa persiste. Con frecuencia ocurre en diferentes contextos, cuando con reforzadores conductuales (Premios o castigos) se pretende modificar conductas inadecuadas, sin atender las verdaderas causas motivacionales de la conducta. Los cambios que se logran solo tienen duración mientras el efecto del impacto permanece, pero al terminar, vuelve a surgir la anterior conducta inadecuada. Villa Gabriel (2001 - 2005 -2012).

En los casos 2 y 3, en cambio, la prioridad no es el factor **a** (salud) y si el diseño iniciara con intervención de la salud, esta podría presentar mejoría, pero mientras permanezcan los motivos que la afectan, los resultados solo serían parciales y poco duraderos. Es necesario modificar el factor o los factores incidentes para que los efectos de su intervención sean estables y duraderos.

11.- ¿Cómo fundamentar el diseño de la intervención cuando la observación y exploración presentan naturaleza de conflicto con interdependencia de áreas y niveles de conducta?

El Profesional de la Orientación, fundamentado en los artículos 1 y 11 del Código de Ética tiene una fe profunda en los valores, la dignidad y las potencialidades del ser humano y propicia el desarrollo integral de la persona. En consecuencia, no se puede afirmar que cada persona es única e irrepetible y luego pretender que su conducta pueda ser vista de acuerdo a la luz de una sola teoría, estudiada y comprendida desde una sola perspectiva, una única visión del ser humano, de la naturaleza del conflicto y con la sola estrategia o técnica de una determinada teoría.

La Orientación y su praxis, para el estudio y comprensión de la naturaleza compleja del conflicto, de manera coherente con la visión ecléctica del ser humano, busca dar respuesta a los requerimientos de cada dimensión y de cada una de las áreas, mediante el apoyo en distintos autores y teorías, las que den mejor explicación de la conducta que se está estudiando y de manera coherente, apoyada en los principios del eclecticismo, evitando y rechazando las contradicciones del sincretismo.

Algunas teorías en el área personal social, como la teoría multimodal de Arnold Lázarus (2.000), conciben al ser humano como integrado por diferentes dimensiones: Biológicas, Afectivas, Sentidos, Imágenes, Cogniciones, Conductas y Sociales (BASICCoS). Explora cada una de ellas y luego de medir las situaciones fuente de conflicto en cada una de ellas, realiza un diagrama en escala de uno al diez, de acuerdo al grado de conflictividad y hace un "puenteo" o ruta de incidencia causal de afectación entre ellas. Estableciendo ¿Quién afecta a cuál?

Por lo tanto, cambia el orden de las dimensiones BASICCoS por el orden de prioridades en la secuencia causal para el diseño de intervención. Como en el ejemplo anterior de la secuencia a-b-c diferente de b-c-a y diferente de c-a-b.

Lázarus, explora mediante un cuestionario amplio cada una de las dimensiones antes de la entrevista y con base en esto cuando va con el usuario del servicio a la primera entrevista, ya Lázarus tiene un diagrama de medición del grado de afectación en cada dimensión, el cual va corroborando con la información que le suministra el usuario, luego hace el puenteo y elabora la ruta secuencial del conflicto y con ello las prioridades de intervención.

Con esta base se elabora el plan de intervención multimodal y se establecen las teorías, estrategias y técnicas de intervención a utilizar en cada dimensión y los criterios de evaluación para el monitoreo, se ubican en el tiempo. Para esto, diseñó la ficha MAP (Administración de la planificación multimodal) en donde se recoge de manera ordenada toda la información del plan, lo que facilita el monitoreo del proceso de intervención.

En algunos casos, en una misma área, se requiere de la exploración de distintos rasgos de la personalidad y de distintos factores intervinientes en el desarrollo de conductas, apoyado en una visión ecléctica del ser humano, varios autores entre otros, Holland, John (1981 y 1992), Gabriel Villa (2011) en el área Vocacional.

12.- ¿Cómo diseñar la intervención de la Orientación cuando el nivel de la naturaleza del conflicto está en lo inconsciente?

El profesional de la conducta, cuando el orientado expresa desconocer el motivo o la posible causa de la conducta inadecuada, en el caso de los niños o adolescentes en el contexto educativo, acude a consultar con los docentes y con los padre o representantes, para establecer antecedentes y en la mayoría de los casos, resulta atrapado en el desarrollo de esta actividad, en la búsqueda de responsables, por la actitud de los adultos, empeñados en señalar a los demás como culpables de la conducta inadecuada en estudio, queriendo eludir alguna responsabilidad que los pueda comprometer.

En esta situación, se hace necesario la transdiciplinariedad, a través del uso de una herramienta del Psicoanálisis en la medicina psiquíatrica, para el diagnóstico y en la Psicología Clínica en donde se han utilizado diversas estrategias para lograr abordar el mundo interior de los pacientes, tanto más, en cuanto la situación patológica afecta los niveles de confiabilidad en los procesos comunicacionales conscientes.

Esto hace que el terapeuta acuda a herramientas como la hipnosis, la interpretación de los sueños y la libre asociación, utilizadas por el padre del Psicoanálisis Sigmund Freud para llegar a la motivación inconsciente de la conducta, y desde la mitad del siglo XX a demás con el dibujo proyectivo, gracias a los aportes de la Psiquiatría y de la psicología Clínica.

El Dibujo Proyectivo en Psiquiatría y Psicología Clínica.

El dibujo proyectivo como técnica para descubrir la motivación inconsciente de la conducta del dibujante, tiene su origen en la Medicina Psiquiátrica, para dar respuesta a la necesidad de explorar lo inconsciente en pacientes que han perdido el contacto con la realidad, como consecuencia de los trastornos de la patología que presentan. De esta manera su origen en Psiquiatría fue para fines diagnósticos.

Entre los muchos aportes de los test proyectivos gráficos destacan los aportes del dibujo proyectivo de Biedma, C y D´Alfonso, P. (1960), en el uso del dibujo libre y los aportes de los dibujos específicos de el árbol Koch, k. (1977), el dibujo de la figura humana Caligor, L. (1980), El dibujo de la casa, el árbol y la persona, Hammer, E. (1980), El dibujo de la familia Corman, L. (1986).

Todos ellos coincidieron en el protocolo basado en la utilización de hojas blancas bond veinte, tamaño carta, borrador y lápiz número dos, sin apoyo de instrumentos ni de imagen, si se utilizan colores, cada dibujante debe tener disponible una caja de colores completa de por lo menos 10 colores diferentes, de tal manera que no sirve una serie o caja de colores incompleta o una caja de colores para dos o más dibujantes. Además, sin instrumentos geométricos a su disposición ni modelos gráficos para copiar.

En la Psicología Clínica el uso del dibujo proyectivo como instrumento para diagnóstico, trascendió su utilidad a herramienta terapéutica para facilitar por medio de su uso repetido, la liberación de energía contenida que permite facilitar la superación de situaciones reprimidas, contribuyendo así al mejoramiento del cuadro clínico del dibujante.

13.- ¿Cómo es el uso transdisciplinario del dibujo proyectivo en Orientación?

En Venezuela por ordenamiento de la Constitución de la República Bolivariana de Venezuela (2000), es la Ley quien determina las profesiones que requieren Titulo y las condiciones que deben cumplirse para ejercerlas. (Art. 105 CRBV). En consecuencia, es la Ley del ejercicio de la medicina (1982) la que establece el perfil legal para hacerlo (Art. 3 y 4 L.E.M.) y es la ley del ejercicio de la Psicología (1978), la que establece el perfil legal para hacerlo (Art. 4 y 5 LEP).

Por lo tanto, el uso de los Test proyectivos gráficos en el diagnóstico de Psicopatologías y el tratamiento terapéutico de ellas, es privativo de los Médicos psiquiatras y de los Psicólogos Clínicos. No obstante cobra real importancia citar textualmente las disposiciones establecidas en el Código de Ética del Ejercicio Profesional de la Orientación (2001), en donde se establece la Integralidad en el servicio de orientación y en consecuencia el trabajo inter y transdiciplinario:

El Orientador o la Orientadora, no debe adjudicarse o atribuirse de modo implícito, una idoneidad profesional que exceda los límites de su capacidad real, y es su responsabilidad, rectificar toda interpretación errónea de la misma, por parte de terceros. **(Art.6.- C.E.P.O.)**

La Orientación debe propiciar el desarrollo integral de la persona y además puede ser preventiva y/o remedial asistencial. **(Art.11.- C.E.P.O.)**

En el desarrollo de las actividades de los procesos de intervención de la Orientación, con frecuencia estos profesionales comparten campos de trabajo, estableciendo relaciones de multi- Inter y transdisciplinariedad, para beneficio de los atendidos.

En la multidiciplinariedad, cada disciplina conserva y desarrolla sus singularidades propias, donde el orientador u orientadora comparte los aportes de la orientación para dar respuesta a los requerimientos del sistema humano.

En la interdisciplinariedad, los conocimientos de cada disciplina son compartidos e inciden entre sí, estableciendo relación de interdependencia para una mejor comprensión de las situaciones y requerimientos para satisfacer al sistema humano.

En la transdiciplinariedad, se demanda la interdisciplinariedad y la adquisición de competencias mínimas comunes entre los miembros de un equipo psicosocial de alto desempeño, para prestar una atención integral a los requerimientos del sistema. En este nivel de integración los miembros del equipo deben estar en condiciones de aplicar conocimientos, habilidades, destrezas, y competencias mínimas propias de otras profesiones luego de un proceso de formación que lo garantice, sin convertirse en un especialista, ni pretender ser otro profesional, perdiendo su identidad.

En consideración a esto el Orientador u Orientadora debe.

1.- Conocer y diferenciar la preparación y capacitación de los profesionales de la Psiquiatría, Psicología, Trabajo Social, Psicoterapia, entre otras profesiones afines.

2.- Contribuir conjuntamente con los profesionales de la medicina, de la odontología, de la nutrición, de la enfermería, a la creación de las condiciones que facilitan el funcionamiento pleno de la persona, la familia y la comunidad

3.- Cultivar el respeto mutuo y el desarrollo de los canales de comunicación con otros profesionales con quienes labore.

4.- Estar preparado para asumir riesgos personales al proteger las confidencias de quienes utilizan sus servicios, de otros profesionales de ayuda; colocando en todo momento, los intereses y necesidades del asesorado, por encima de los propios.

5.- Mostrar preocupación por otras profesiones, en el trabajo de equipo, reflejando madurez en el campo de la profesión y capacidad para trabajar en ella de un modo creador y participativo. (Art. 51.- C.E.P.O.).

En este espíritu del marco legal, el Dr. Emilio Fereira (1988) en el programa de maestría en orientación personal de la División de Estudios para Graduados de la Facultad de Humanidades y Educación de La Universidad del Zulia, presentó el análisis de los test proyectivos gráficos y los detalles indicadores de la motivación inconsciente de la conducta, los cuales sirven en cada uno de ellos para el uso diagnóstico y terapéutico iniciando la transdisciplinariedad en la praxis de la Orientación.

A partir de esta introducción, el autor con la asesoría del Dr. Fereira, propuso mediante su aplicación en los casos de orientados cuya información no es confiable, poder descubrir los factores reales de la motivación de la conducta en estudio, y de esta manera puntualizar la exploración en la entrevista de orientación a fin de identificar la incidencia en ella, del entorno psicosocial y en consecuencia poder diseñar la intervención en orientación para neutralizar o minimizar sus efectos negativos en la conducta del orientado.

En caso de presencia de indicadores de patología, el orientador remite el caso para la evaluación del Psicólogo Clínico o del Médico Psiquiatra y en caso de confirmarlo lo asumen para la respectiva Psicoterapia. En consecuencia, el uso del dibujo proyectivo en orientación implica la conformación de un equipo interdisciplinario, así como en la atención integral en Resiliencia, esto de conformidad con lo establecido en el Código de Ética del Profesional de la Orientación (Villa – 2012)

Entre los aportes del autor en el uso del Dibujo Proyectivo en Orientación destacan entre otros:

- ✓ En 2001. El "Modelo Villa 2001" publicado en el libro: "El dibujo en Orientación Personal" editado por Ediluz.
- ✓ En 2004. El "Modelo Villa 2004" validado en la Tesis de doctoral: "Dibujo proyectivo como estrategia para el estudio de la Motivación de la conducta en el aula". URBE. Maracaibo.
- ✓ En 2005. "El dibujo Proyectivo en el aula". Libro publicado en Ediluz.
- ✓ En 2009. "El Modelo Villa 2009", validado en el trabajo de ascenso a la categoría de Profesor Titular en la facultad de Humanidades y Educación de la Universidad del Zulia "Transdisciplinariedad y Dibujo Proyectivo en Orientación Grupal".
- ✓ En 2012. Inter – Transdiciplinariedad y el Dibujo Proyectivo en Orientación. Libro publicado en Ediluz.

Esta producción del autor, constituye una línea de investigación que ha estado en desarrollo, a través de investigaciones de varios estudiantes de postgrado como trabajos académicos para optar al título de magister en Orientación y centenares de investigaciones, realizadas en diversos contextos, en la cátedra de Dibujo Proyectivo en la Maestría en Orientación, de la División de Estudios para Egresados de la Facultad de Humanidades y Educación de La Universidad del Zulia y complementada con asesorías a profesionales de la conducta, en la aplicación del Dibujo proyectivo en su praxis profesional.

Los Indicadores emocionales de la conducta:

Los indicadores emocionales de la conducta, son detalles en el dibujo que los investigadores lograron aislar en su trabajo con los pacientes de patología similar y que permite identificarlos asociados a los perfiles de conducta propios de cada patología. En este sentido no es casual que todos los pacientes con una misma patología presenten los mismos detalles indicadores emocionales en sus dibujos.

Es importante señalar que existe una convergencia real entre los trabajos de los investigadores tomados por el autor como fuente y fundamento para la elaboración de los modelos, en lo referente a la fase estructural expresiva a través de los dibujos, Igualmente, cuando cada uno especifica los indicadores emocionales en los detalles del dibujo particular de su investigación siendo coincidentes con los aportes en relación al mismo dibujo en otro autor (Villa G. 2001. Págs. 49-53).

Estos indicadores dan información sobre la motivación inconsciente de la conducta en cada uno de los dibujos, por lo que la unión de cinco dibujos proyectivos, dan la posibilidad de analizar más de cien indicadores específicos diferentes y sin el objetivo de diagnóstico ni de uso terapéutico, la información recabada direcciona la exploración en la entrevista para descubrir los factores psicosociales incidentes en la conducta en estudio del dibujante.

La exploración en la entrevista confirma y complementa la información obtenida en los indicadores emocionales de la conducta presentes en los dibujos y permite identificar los factores psicosociales incidentes en el caso, facilitando el diseño de la intervención para neutralizar o minimizar la incidencia negativa, de estos factores en el caso en estudio.

13.1.- Modelo Villa 2001.

Después de trece años de validación por saturación (Pérez Serrano, G. 1994), se logró la reunión de pruebas y evidencias suficientes para garantizar la credibilidad de la investigación, lo cual se consiguió revisando el proceso y repitiendo el estudio, para comprobar si los resultados se mantenían. (Finol de Franco M. y Camacho H. 2008 – Pág. 93).

Estructura del modelo Villa 2001.

El Modelo Villa 2001, se fundamenta en la utilización de los detalles indicadores emocionales presentes en cinco dibujos proyectivos: la casa, el árbol, la persona, la familia y un dibujo libre.

La aplicación y el protocolo es simple, pero debe cumplirse con rigor a fin de garantizar la validez de los instrumentos, toda vez que se trata del protocolo seguido por los autores Hammer, E. (1980), para sus investigaciones en el dibujo de la casa, el árbol y la persona; Koch, k. (1977), en el dibujo del árbol; Caligor, L, (1980), en el dibujo de la figura humana; Corman, L. (1986), en el dibujo de la familia; Biedma, C y D´Alfonso, P. (1960) en el dibujo libre.

Parte importante del protocolo es la forma de la consigna por parte del profesional que aplica el instrumento. No puede responder ninguna pregunta sobre la consigna, DEBE LIMITARSE A DAR O REPETIR LA CONSIGNA. No puede responder SI o NO por cuanto al hacerlo el dibujo dejará de ser Proyectivo y pasa a ser realista. No es lo mismo dibujar una casa que la casa de alguien en particular. Un árbol que el árbol del patio de la casa, una persona que alguien en particular, una familia que la familia de alguien. En síntesis, un dibujo libre que un determinado dibujo.

13.2.- MODELO VILLA 2004.

En consecuencia, de las conclusiones del trabajo de Tesis doctoral en Ciencias de la Educación, en la Universidad Rafael Belloso Chacín, (2004) y establecida la utilidad del Dibujo Proyectivo en la atención de las conductas inadecuadas, el autor presenta a continuación el modelo Villa 2004, en el cual apoyado en el Modelo Villa 2001 incorpora la exploración de la ubicación del Yo en el proceso del desarrollo existencial de vida.

Estructura del Modelo Villa 2004.

El modelo Villa 2004, se origina en el contexto educativo como una estrategia que se fundamenta en la utilización del Dibujo Proyectivo, para descubrir los factores psico-sociales incidentes en la motivación inconsciente de las conductas inadecuadas de los alumnos en el salón de clase, y una vez descubiertos, se diseña con la asesoría del Orientador, un plan de intervención para el representante, el docente y el alumno, dirigido a neutralizar o minimizar su incidencia negativa.

El Modelo aplica el modelo Villa 2001 y anexa el dibujo del punto y el dibujo de los tres puntos, a través de los cuales el dibujante permite ubicar desde su inconsciente en cual momento se encuentra en el desarrollo de su proyecto existencial de vida. Su yo existencial puede estar en el pasado, en el presente o en el futuro.

Al mismo tiempo según la presión ejercida con el lápiz sobre la hoja al dibujar el punto y los tres puntos, el dibujante indica su fortaleza o debilidad yóica a través de este indicador. Cuando en el dibujo de los tres puntos, alguno de ellos diferencia la presión o el tamaño de alguno de los puntos, es indicador del impacto o valoración de este tiempo en el desarrollo de su proyecto existencial de vida.

El punto y los tres puntos.

En el desarrollo de las actividades cotidianas, el proyecto existencial de vida involucra todo lo que la persona es, y a pesar de los esfuerzos conscientes centrados en la búsqueda de logros de objetivos y metas concretas en su que-hacer, a la luz del Psicoanálisis, los factores psico-sociales que lo impulsan, animando su acción, en gran parte quedan en el espectro de lo no consciente. El dibujo proyectivo, mediante su emplazamiento en el espacio de la hoja de su presentación, permite a los especialistas de la conducta, encontrar la ubicación de los intereses existenciales del yo. Villa G. (2001- Págs. 18 y 19).

El punto.

Todos los expertos citados anteriormente, coinciden en las afirmaciones respecto del significado de la ubicación del dibujo según su emplazamiento o ubicación en el espacio, lo cual permite, sin lugar a duda, el análisis interpretativo del punto según su ubicación. Hammer, E. (1980- Pág. 56); Koch, k. (1977 – Págs. 37 39 y 43); Caligor, L. (1980 – Pág. 63); Corman, L. (1986 – Pág. 28); Biedma, C y D´Alfonso, P. (1960 – 37 - 38); Fereira E. (1988 – 6 y 7); Villa G. (2001- Págs.18 y 19).

Es por esto que se solicita al dibujante colocar un punto (figura) en donde quiera, sobre la hoja. Al mismo tiempo, se le solicita dibujar una flecha apuntando hacia arriba, con el objeto de poder colocar la hoja en la misma posición del momento en el cual fue dibujado el punto, en el caso de que por alguna razón la hoja cambie de posición.

Los tres puntos.

Este dibujo complementa el anterior y permite profundizar la visión y el análisis de la ubicación de los intereses existenciales del Yo, en relación a las experiencias vividas, a las expectativas del futuro y las situaciones del presente del dibujante.
Para realizarlo, se solicita al dibujante dibujar tres puntos en el lugar que desee sobre la superficie de la hoja, y al hacerlo, debe considerar que uno de ellos es el pasado, otro es el presente y otro es el futuro. Para evitar confusiones posteriores, se le solicita que los identifique, señalando con claridad cual corresponde al pasado, cual

al presente y cual al futuro. Al mismo tiempo, esta señal, sirve para colocar la hoja en la misma posición en la cual fueron dibujados los tres puntos para su interpretación.

El análisis de la ubicación de los puntos permite descubrir la ubicación del Yo en el desarrollo de su proyecto existencial de vida.

13.3.- Estructura del Modelo Villa 2009.

El modelo Villa 2009 es una estrategia en orientación grupal, fundada en la aplicación de los modelos Villa 2001 para el uso del dibujo proyectivo en orientación personal y Villa 2004 para el uso del dibujo proyectivo en la ubicación del YO en el desarrollo existencial de vida. El modelo permite descubrir e identificar los factores psicosociales incidentes en las conductas de los integrantes del grupo, para el diseño de la intervención de orientación en cada uno de los casos individuales, y con base en los factores incidentes comunes, permite el diseño de la intervención grupal a nivel preventivo como requerimiento del microsistema humano que forman.

El estudio diagnóstico en Orientación grupal sobre los requerimientos del microsistema humano que forman los integrantes del grupo, es en la actualidad, un estudio fundado en la exploración sobre las conductas observables desde una perspectiva de lo consciente. Por lo general la información es tomada mediante revisión de informes previos, entrevista o encuesta realizada a los integrantes del grupo y en oportunidades mediante actividades interactivas en las cuales cada uno expresa sus interpretaciones y juicios sobre su conducta y la de los demás.

El Orientador a partir de esta información establece los requerimientos del microsistema, y con base en su jerarquización, elabora el diseño de la intervención, a la luz de la teoría específica que mejor convenga a las situaciones en estudio.

Este procedimiento se mueve a la luz del psicoanálisis, en las puntas flotantes de cada iceberg, por cuanto solo atiende los planos conscientes de lo observable de las conductas, cuando las causas reales de las mismas son motivacionales y se esconden en el plano de lo inconsciente. Cada uno de los miembros del grupo tiene el impacto de factores psicosociales que inciden en su conducta y de los cuales no maneja información del porqué de lo que hace o de lo que deja de hacer.

El dibujo proyectivo en los modelos Villa 2001 y Villa 2004, permite descubrir e identificar los factores psicosociales en cada uno de ellos, para facilitar el diseño de una intervención en Orientación a fin de neutralizar o minimizar la incidencia negativa de los mismos y de esta manera optimizar el clima social del microsistema y potenciar su desarrollo.

Al mismo tiempo, los integrantes del grupo en su natural interacción, manejan agendas o intereses que expresan en el plano consciente, las cuales van más allá de lo estrictamente vinculado al que-hacer propio según la naturaleza del grupo, y aun éstas, no escapan en su forma, de la acción determinante de lo inconsciente.

El clima organizacional está tejido de motivaciones que no son manejables desde lo consciente y es mediante el uso de estrategias del Psicoanálisis que podemos develarlas y una vez identificadas, diseñar la intervención grupal a partir de los factores psicosociales de mayor frecuencia.

Ordenamiento e interpretación de la data de los tres modelos.

El modelo Villa 2001, tiene un formato para el ordenamiento de la data, en el cual se registran los detalles indicadores motivacionales de la conducta presentes en cada uno de los dibujos, primero de la fase estructural o expresiva de los dibujos de la casa, del árbol, de la persona, de la familia y del dibujo libre, Luego se registran los amentos indicadores cromáticos y luego los indicadores particulares de cada uno de los cinco dibujos. Villa (2001).

Este ordenamiento permite frente a cada detalle apoyado en el instructivo de significación, develar uno a uno cada indicador y de esta manera se facilita observar la información relevante de cada dibujo y al globalizar, establecer los puntos a indagar en la entrevista con el dibujante.

En el modelo Villa 2004, para la interpretación de los detalles indicadores emocionales presentes en el dibujo del punto y de los tres puntos, en el instrumento de informe, se registra la interpretación sobre el tamaño y la presión, y el emplazamiento de los puntos en los dos dibujos. Es necesario indicar cuál de las dos manos utilizó el dibujante al momento de realizar los dibujos, Villa (2004).

El resultado establece los aspectos del entorno psicosocial que han incidido en la conducta y en consecuencia en la entrevista se identifican y permite en la exploración ver el alcance de su impacto en el conflicto y la posible intervención para minimizar su impacto o neutralizarlo.

En la intervención grupal, el modelo Villa 2009, tiene un formato para registrar los resultados de la aplicación del modelo 2001 y Villa 2004, en una *Tabla de indicadores emocionales presentes en el grupo* la cual, permite observar los indicadores de mayor frecuencia que requieren en el diseño de intervención una atención grupal. Los resultados individuales son atendidos de manera personal.

CAPÍTULO V

LA MULTI – INTER Y TRANSDISCIPLINARIEDAD.

1.- ¿Cuáles son las principales disciplinas afines?

En la praxis social de la disciplina, el Profesional de la Orientación en cada una de las áreas, interactúa con otros profesionales de la conducta y en ocasiones, en contextos en los cuales los límites de sus espacios en oportunidades se desdibujan pero que al hacer un análisis deontológico se visualiza lo que corresponde a uno y lo que corresponde al otro.

En un mismo país es fácil diferenciar las identidades regionales de los habitantes de un extremo al otro, los usos y costumbres y los particulares modismos y formas de sus tradiciones termina por diferenciarlos. Pero cuando se observan los espacios fronterizos, la situación es totalmente diferente. Los usos y costumbres casi se asemejan y se ven demasiado similares de ambos lados de la frontera. Solo en la medida que se aleja y entre mayor sea la distancia, las cosas se van modificando para terminar siendo realmente diferente.

Esto ocurre con los profesionales de la conducta y más cuando comparten contextos de atención en donde prestan servicios en la praxis social de sus respectivas disciplinas. Es por lo que se requiere la debida y profunda formación profesional en la disciplina que lo identifica, para evitar equivocación de roles, tareas y funciones por más similares que parezcan.

Entre las disciplinas afines a la Orientación, se destacan: Psicología, Trabajo Social, Medicina Psiquiátrica, Promotor Social, Administración y Gerencia de Recursos Humanos, Derecho, Antropología Cultural, Sacerdote o Pastor Religioso.

2.- ¿Qué es la multidisciplinariedad en la praxis social de la Orientación?

Ocurre en el mundo simple de quien observa su entorno en un edificio cuya construcción ofrece la posibilidad de observación a través de ventanas que dan a la calle y otras a la avenida; unas en planta baja y otras en pisos de diferente altura. El observador ve la misma ciudad, pero cada ventana y observador con perspectiva diferente.

Los observadores pueden saber o no de la existencia de los otros, pero no importa, porque no existe intercomunicación entre ellos y cada uno actúa con la información que obtiene desde su propia ventana. Las decisiones se toman de manera aislada. Cada quien, es cada quien.

En el ejemplo anterior se describe lo que ocurre entre los profesionales de la conducta cuando en su intervención profesional actúan con la sola observación de la conducta en estudio, desde su particular punto de vista y lo que su disciplina le aporta. Sabe o no de la existencia de otras disciplinas y sus profesionales que también estudian e intervienen la conducta, pero no importa, porque esa información no la utiliza.

Pudiera ocurrir que ellos también estén estudiando e interviniendo a la misma persona, pero es mera y simple coincidencia, no importa, porque esa información de lo que en esas intervenciones ocurra, no es tomado en cuenta.

En la multidisciplinariedad, cada disciplina conserva y desarrolla sus singularidades propias, donde el orientador u orientadora comparte los aportes de la orientación para dar respuesta a los requerimientos del sistema humano. Art. 51 Código del Profesional de la Orientación.

3.- ¿Qué es la interdisciplinariedad en la praxis social de la Orientación?

La visión compartida es mucho más completa y permite una complementariedad enriquecedora, que hace posible a los observadores poder acordar acciones que responden de mejor manera a los requerimientos de la realidad, de una manera integral. Es lo que ocurre con la interdisciplinariedad. Para esto, se requiere compartir información y llegar a acuerdos de intervención en equipo, de lo contrario sería una acción independiente y por coincidencia o casualidad simultánea, como ocurre en la multidiciplinariedad.

En la interdisciplinariedad, los conocimientos de cada disciplina son compartidos e inciden entre sí, estableciendo relación de interdependencia para una mejor comprensión de las situaciones y requerimientos para satisfacer al sistema humano. Art. 51 Código del Profesional de la Orientación.

El proceso de Orientación gozará de confidencialidad por parle de los Profesionales de la Orientación. En el trabajo compartido con otros Profesionales, el

Orientador o la Orientadora tiene la obligación de asegurarse, que la información acerca de sus orientados u orientadas, sea compartida sólo por aquellas personas del equipo interdisciplinario que conocen del caso, garantizando que utilizarán la misma con fines profesionales. Art. 4 del Código de Ética.

4.- ¿Qué es la transdisciplinariedad en la praxis social de la Orientación?

En la transdisciplinariedad, se demanda la interdisciplinariedad y la adquisición de competencias mínimas comunes entre los miembros de un equipo psicosocial de alto desempeño, para prestar una atención integral a los requerimientos del sistema. En este nivel de integración los miembros del equipo deben estar en condiciones de aplicar conocimientos, habilidades, destrezas, y competencias mínimas propias de otras profesiones luego de un proceso de formación que lo garantice, sin convertirse en un especialista ni pretender ser otro profesional. perdiendo su identidad. Art. 51 Código del Profesional de la Orientación.

El uso parcial de una teoría, así como el uso aislado de una estrategia o técnica propia de ella, en el diseño de una intervención, tiene implicaciones epistémicas y éticas para el profesional de la conducta que lo hace, así como en la transdisciplinariedad para los profesionales de disciplinas distintas a la del origen de la teoría. Villa E. G. y Vera G. (2012).

CAPÍTULO VI

TELEOLOGÍA DE LAS TEORÍAS QUE FUNDAMENTAN LA INTERVENCIÓN EN ORIENTACIÓN.

1.- ¿Qué es la teleología?

En el griego antiguo la raíz TELE significa: distancia, dirección, meta, objetivo distante. La raíz LOGOS significa: el estudio o tratado de un tema o realidad en observación. En consecuencia, etimológicamente Teleología es el estudio de la finalidad, razón de ser o el para qué de la realidad o fenómeno en estudio.

2.- ¿Cuál es la teleología de las teorías de la personalidad en las ciencias de la conducta?

Es necesario contextualizar cada vez, el origen de la teoría en estudio, toda vez que hace parte del desarrollo teórico de esa disciplina, en consecuencia, participa de la teleología de la misma con implicaciones epistémicas y éticas para su uso en la praxis social de ella, por los profesionales de la misma disciplina en su praxis social o por los profesionales de disciplinas afines, cuando por transdisciplinariedad la aplican.

En efecto, el estudio de la naturaleza de los conflictos, desde la praxis social de las disciplinas, lleva a los investigadores a buscar en sus posibles causas y efectos en quienes los vivencian, una visión que permita explicar y comprender por qué ocurre y la forma de su ocurrencia, lo cual tiene el propósito de descubrir cómo neutralizar o minimizar la acción de los factores intervinientes en su origen y en consecuencia eliminar los efectos y así modificar la conducta inadecuada o desaparecerla como respuesta de adaptación al entorno.

Este objetivo, se erige como teleología de la teoría y participa de la teleología de la disciplina de la cual hace parte, contribuyendo así a su desarrollo teórico y potenciación de su práctica social.

3.- ¿Hay cambios en las teorías al ser utilizadas en la praxis social de una disciplina diferente a la de su origen?

Es evidente que la teoría como tal no sufre cambio alguno en sus contenidos, postulados o constructos. Ellos en sí mismos, permanecen, solo que amplían los contextos de su aplicación al ser utilizados en una praxis social de una disciplina y por un profesional con una perspectiva diferente.

Esto ocurre por tratarse de especialistas de la conducta humana, que investigan desde perspectivas teleológicas diferentes, con muchos puntos de convergencia en el mismo fenómeno, pero con descubrimientos diversos, por lo tanto, en muchos aspectos, a cambio de contraponerse, se complementan.

Al hacer uso de la teoría, el Profesional de la conducta asume la visión del ser humano que el autor de la teoría asumió como base y fundamento para entender y comprender el conflicto, en consecuencia, los protocolos para el uso de sus estrategias y técnicas de intervención no pueden ser modificados, toda vez que la validación epistémica siguió ese enfoque señalado por sus postulados y la validación de su aplicación se hizo desde los parámetros establecidos por el autor. Si se modifican requieren de nueva formulación y validación y por lo cual, ya no corresponden a la teoría que se declaró en uso.

4.- ¿Qué ocurre desde una perspectiva ética y epistémica en el uso parcial o puntual de una teoría en la transdisciplinariedad?

La validez científica de cada teoría, es puesta a prueba, cada vez que se aplica y en consecuencia se requiere fidelidad absoluta a los protocolos seguidos por el investigador. En caso de modificación de éstos, los resultados podrían variar y en el caso de procesos vinculados a la conducta humana, se incurre en prácticas sujetas al análisis de alcance ético por parte del profesional, por mala praxis de la teoría aplicada. Villa E. G. y Vera G. (2012).

5.- ¿Cuál es la teleología de las teorías que fundamentan la intervención de la Orientación en el área Personal - Familiar - Social?

Se enmarcan en la dirección de dar respuesta a los requerimientos de los procesos asociados con la potenciación del rol de la persona, como perteneciente a un grupo social, propiciando la comprensión de su "sí mismo" y de su entorno, con el fin de alcanzar y mantener la estabilidad psicológica y afectiva. Entre los procesos en esta área, se encuentran:

5.1.- Desarrollo Psicológico: Identidad personal, autoestima, torna de decisiones, estabilidad emocional, desarrollo psicosexual y potencia intelectual.

5.2.- Desarrollo Social: relaciones interpersonales: familia; motivación al estudio y al trabajo: adaptación social: valores éticos-morales y actitudes de solidaridad y compromiso social.

5.3.- Desarrollo familiar: prevención en el funcionamiento de parejas, orientación para padres e hijos, intervención en crisis familiar (divorcio, duelo, enfermedades terminales), desarrollo de la sexualidad.

Esto en conformidad con lo señalado en el Artículo 23 del Código de Ética del Profesional de la Orientación en la Asamblea General de Orientadores en 2001.

6.- ¿Cuál es la teleología de las teorías que fundamentan la intervención de la Orientación en el área Académica?

Se enmarcan en la dirección de dar respuesta a los requerimientos de los procesos asociados a la potenciación del rol de la persona como estudiante o aprendiz, con la finalidad de fundamentar el servicio de asesoría para que la persona y / o el grupo pueda obtener el pleno desarrollo de sus potencialidades, a través de las actividades inherentes a sus procesos de aprendizaje. Entre los temas relacionados con esta área se encuentran: adaptación al proceso educativo, actitudes favorables para el estudio, desarrollo cognoscitivo, desarrollo del potencial creativo, rendimiento académico, asesoría a los docentes en ejercicio, e integración de la institución educativa con su entorno.

Esto en conformidad con lo señalado en el Artículo 24 del Código de Ética del Profesional de la Orientación en la Asamblea General de Orientadores en 2001.

7.- ¿Cuál es la teleología de las teorías que fundamentan la intervención de la Orientación en el área Vocacional?

Se enmarcan en la dirección de dar respuesta a los requerimientos de los procesos asociados a la potenciación del rol de la persona como futuro trabajador o trabajadora y la práctica social de la teoría, está destinada a fundamentar el servicio de asesoría, con la finalidad que cuando la persona tome decisiones inherentes a su vocación, lo haga bajo las mejores condiciones posibles. Entre los procesos en esta área se tienen: desarrollo vocacional, necesidades de estudio, madurez vocacional, preparación para el trabajo y actitud positiva hacia el trabajo.

Esto en conformidad con lo señalado en el Artículo 25 del Código de Ética del Profesional de la Orientación en la Asamblea General de Orientadores en 2001.

8.- ¿Cuál es la teleología de las teorías que fundamentan la intervención de la Orientación en el área Laboral?

Se enmarcan en la dirección de dar respuesta a los requerimientos de los procesos asociados a la potenciación de los roles de la persona como trabajador de una empresa u organización, con la finalidad de fundamentar los servicios de orientación que conducen a la consecución de los objetivos personales en relación con los organizacionales. Entre los procesos están: gerencia de procesos, desarrollo de carrera, motivación, comunicación, toma de decisiones, manejo de conflicto, calidad de servicio, liderazgo, mejoramiento continuo y equipos de alto desempeño.

Esto en conformidad con lo señalado en el Artículo 26 del Código de Ética del Profesional de la Orientación en la Asamblea General de Orientadores en 2001.

9.- ¿Cuál es la teleología de las teorías que fundamentan la intervención de la Orientación en el área Recreativa Comunitaria?

Se enmarcan en responder a los requerimientos de los procesos asociados a la potenciación del rol de transformador social del orientado, y la finalidad es prestar un servicio de orientación que permita mejorar la calidad de vida de la comunidad a la cual pertenecen los involucrados. Entre los procesos en esta área están: recursos de la comunidad; actividades cívicas, lúdicas y de recreación; creatividad en la planificación y ejecución de actividades recreativas en la comunidad; uso del tiempo libre; programas de organización para la comunidad; calidad de vida; expresión de las diversas manifestaciones artístico - culturales.

Esto en conformidad con lo señalado en el Artículo 27 del Código de Ética del Profesional de la Orientación en la Asamblea General de Orientadores en 2001.

CAPÍTULO VII

ORIENTACIÓN EN VENEZUELA.

1.- ¿Cómo se desarrolló este modelo de integralidad en la Orientación en Venezuela?

En la década de los años sesenta cuando el Ministerio de Educación y el Consejo Nacional de Universidades acuerdan la apertura del Programa de formación Universitaria para la implementación de la Orientación en el desarrollo del currículo integral en todo el sistema educativo venezolano, Las Universidades Nacionales y Privadas con Escuelas de Educación, formaron equipos de docentes universitarios con profesionales de la conducta y los enviaron a formarse en orientación en el exterior.

Lo primero que observaron los futuros formadores de Orientadores en los países a donde llegaron, fue la formación profesional para la Orientación en postgrados, en consecuencia, esto se corresponde con una visión fragmentada de la concepción de la Orientación y de su praxis social por Áreas o contextos. Esto es, cada estudiante se forma como especialista en un Área o Contexto en desconocimiento de las demás Áreas.

Al regresar con sus respectivos títulos y experticia supervisada que les capacitó para el ejercicio profesional en el área de su formación, no los habilitaba para hacerlo en las demás Áreas de la Orientación. En los países en donde se formaron, los servicios de orientación cuentan con un equipo de especialistas en áreas que se complementan, además, con convenios interinstitucionales para cubrir todas las demandas o requerimientos de su población. De esta manera, un usuario podría estar siendo atendido en un mismo período por dos o tres orientadores diferentes. Por ejemplo: Orientador Académico, Orientador Personal y Orientador Vocacional

El Ministerio exigió a las Instituciones de Educación Universitaria, la formación de un Profesional con capacidad de atender con calidad y eficiencia todas las Áreas en el contexto Educativo y en otros contextos. Por la imposibilidad de replicar en Venezuela equipos de especialistas en cada institución educativa solo para la Orientación como en los países de Europa, o de América del Norte.

Este es el origen del modelo de INTEGRALIDAD, cuando todas las Universidades con Facultad o Escuela de Educación se vieron en la necesidad de diseñar un plan de formación integrando la experiencia traída por los especialistas en un pensum que evidentemente resultó en similitudes que a pesar de las diferencias por la Autonomía universitaria dio respuesta a las exigencias del Ministerio de Educación y los egresados en su praxis social consolidaron en el tiempo el Modelo de Integralidad.

Fue en el intercambio de saberes compartidos en los encuentros anuales y en el intercambio de experiencias, en donde se consolidó el modelo y la academia socializó los trabajos de grados de las distintas casas de estudio. Mediante ese compartir de común actualización en eventos académicos regionales, nacionales e internacionales fue como se consolidó y desarrolló el modelo y cada día, en la praxis de la Orientación.

Este modelo fue recogido y ha fundamentado las normativas establecidas en el Código de Ética de 1985 de Mérida y luego en su modificación en 2001 en Guanare. Este modelo ha sido reconocido así, por los líderes de las Organizaciones Internacionales de la Orientación.

En primer lugar, por la Asociación Internacional para la Orientación Educativa y Profesional, (AIOSP) Organización mundial que asocia a los Orientadores de los cinco continentes, cuyo Vicepresidente en la Junta Directiva Mundial es el Dr. Julio González de la U. C. Valencia, Estado Carabobo.

Por los líderes de la La National Board for certified Counselors (NBCC, Int.) Organismo vinculado a la UNESCO para la certificación con estándares de calidad, de los Orientadores, mediante convenios de Certificación con las organizaciones de Orientadores en cada país. Con quienes la FAVO ha firmado acuerdos para la certificación de Orientadores FAVO-NCC Venezuela.

Así mismo, los líderes de la Council for Acreditation of Couseling and Related Educactional Programs (CACREP) Organismo vinculado a la UNESCO para la acreditación de los programas de formación universitaria de profesionales de la Orientación, en base a estándares de calidad de reconocimiento internacional. Quienes han participado en varios eventos internacionales en Venezuela.

Cada vez que participan en nuestros Eventos académicos tienen palabras de admiración hacia el perfil profesiográfico del Orientador venezolano y su praxis en el modelo de integralidad.

2.- ¿Qué fueron los Encuentros Nacionales de Orientadores y Cuantos se realizaron?

ENCUENTROS NACIONALES DE ORIENTADORES:

El 17 de junio de 1981 se realizó en Rubio Estado Táchira el primer encuentro Nacional de Orientadores con el objetivo de intercambiar experiencias en la Praxis de la Orientación y los avances en el desarrollo de la Orientación como Disciplina a nivel nacional e internacional. Se acordó repetir anualmente este evento en periplo nacional, pasando de Estado a Estado a lo largo y ancho del país.

Ciudad, estado, año y eslogan

- I.- Rubio - Táchira - (1981) – "Comprensión y constancia para el joven de hoy, hombre del mañana."

- II.- Puerto Ordaz - Bolívar - (1982) - "Orientador, El trabajo consciente y organizado es la base de tu proyección.

- III.- Barquisimeto - Lara - (1983) – "Hagamos del pensamiento de Bolívar nuestra primera guía de acción. Anuncio oficial del establecimiento del 17 de junio como día DIA DEL ORIENTADOR. Resolución Número 144 de 01-06-1983 Este documento es el primero en el cual el ME da un concepto de Orientación como proceso, enumera funciones del Orientador y lo vincula a la formación integral del educando.

- IV.- Maracaibo - Zulia – (1984) – "Unamos nuestros esfuerzos en pro de la integración." Se creó la comisión para la elaboración del Código de Ética para el ejercicio profesional de la Orientación. (Dras. Edelmira de Aquaviva, Carmen Guanipa, Aida Sandoval y Mr. Germán Talavera).

- V.- Mérida - Mérida – (1985) – "Todos unidos con amor hacia una Orientación integral." Se aprobó el "Código de Ética del Orientador" en Venezuela.

- VI.- Cumaná - Sucre – (1986) – "Consagremos en la acción nuestro esfuerzo creador."

- VII.- Valencia - Carabobo – (1987) – "Un liderazgo efectivo genera una integración verdadera."

- VIII.- Caracas - Distrito Federal – (1988) – "La orientación prioridad en la Venezuela de hoy."

- IX.- Margarita - Nueva Esparta – (1989) – "Orientador sembrador de semillas, con bondad y amor ayúdalas a crecer."

- X.- Coro - Falcón – (1990) – "Compartiendo experiencias lograremos ser agentes de cambio."

- XI.- Maracay - Aragua - (1991) – "Orientación símbolo de proyección en todas sus dimensiones."

- XII.- San Fernando - Apure – (1992) – "Juntos hacia el fortalecimiento de la dignidad humana."

- XIII.- San Felipe - Yaracuy – (1993) – "La crisis es vulnerable, emprendamos juntos el vuelo con fe, amor y trabajo."

- XIV.- Rio Chico - Miranda – (1994) – "Orientando a la familia y uniendo nuestros esfuerzos. Lograremos un mundo donde reinará la paz y el amor será verdad." Se creó la Comisión nacional para la elaboración de la propuesta de REGLEMENTO DE LA LEY ORGÁNICA DE EDUCACIÓN PARA EL EJERCICIO PROFESIONAL DE LA ORIENTACIÓN.

- XV.- Maturín - Monagas – (1995) – "Actitud reflexiva, acción participativa." – Se aprobó la propuesta del Reglamento del Ejercicio Profesional de la Orientación.

- XVI.- Valera - Trujillo – (1996) – "Hacia la integración. Organización y desempeño eficaz y eficiente en pro de la Educación venezolana:" Se creó la Federación de Asociaciones Venezolanas de orientadores. FAVO.

- XVII.- San Juan de los Morros - Guárico – (1997) – "Asesorar grupos sociales genera cambios que llevan al éxito." Se nombró la primera Junta directiva de FAVO, presidida por la Orientadora Norey Aquino, renovable cada dos años.

- XVIII.- Barinas - Barinas – (1998) – "Afiancemos los valores en los niños a través de la familia y la escuela, para garantizar una sociedad más honesta, responsable y participativa."

- XIX.- Puerto la Cruz - Anzoátegui – (1999) – "Orientación luz permanente, proyección hacia el futuro." Se eligió la Segunda Junta Directiva Nacional de FAVO. Presidida por la Orientadora Margarita Hernández.

- XX.- San Carlos - Cojedes – (2000) – "Eres parte de este compromiso."

- XXI.- Guanare – portuguesa – (2001) – "Un encuentro que une espiritualmente a Venezuela." – Se aprobó la modificación de actualización del "Código de Ética" – Se eligió la tercera Junta Directiva Nacional presidida por el Orientador Gabriel Villa Echeverry.

- XXII.- Tucupita - Delta Amacuro – (2002) – "Los Orientadores unidos en el Delta por una educación de calidad."

- XXIII.- Puerto Ayacucho - Amazonas – (2003) – "Desde esta tierra mágica rescataremos la dignidad del Orientador." Se eligió la cuarta Junta Directiva Nacional de FAVO, presidida por el Orientador Gabriel Villa Echeverry.

Una vez concluido el primer periplo, la Asamblea General acordó realizar un segundo periplo con la realización de Congresos Venezolanos Interdisciplinarios de Orientación.

3.- ¿Qué son los Congresos Venezolanos Interdisciplinarios de Orientación y Cuantos se han realizado en Venezuela?

CONGRESOS VENEZOLANOS INTERDISCIPLINARIOS DE ORIENTACIÓN.

- **2004 – Maracaibo - Zulia -** PRIMER CONGRESO VENEZOLANO INTERDISCIPLINARIO DE ORIENTACIÓN. TEMA: "Orientación, desarrollo social e inclusión social". Se acordó la realización del I ENCUENTRO NACIONAL DE FORMADORES DE ORIENTADORES en febrero-2005 en Maracaibo Estado Zulia.

- **2005 – San Cristóbal - Táchira –** SEGUNDO CONGRESO VENEZOLANO INTERDISCIPLINARIO DE ORIENTACIÓN. – TEMA: "La Orientación y la Interdisciplinariedad en el desarrollo comunitario activo en Venezuela". Se aprobó el Reglamento del tribunal Disciplinario y la Propuesta de Ley para el ejercicio profesional de la Orientación en Venezuela. Se aprobó la creación de un programa de Certificación Nacional de los Profesionales de la Orientación con reconocimiento Internacional de la NBCC INC. (Organismo internacional para la certificación de profesionales de Orientación adscrito a la UNESCO)

Se eligió la quinta Junta Directiva Nacional de FAVO, presidida por el Orientador Gabriel Villa Echeverry.

- **2006 – Valencia - Carabobo –** <u>TERCER CONGRESO VENEZOLANO INTERDISCIPLINARIO DE ORIENTACION</u>. Se Creó de la Red Latinoamericana de formadores de Orientadores.

- **2007 – Coro - Falcón –** <u>CUARTO CONGRESO VENEZOLANO INTERDISCIPLINARIO DE ORIENTACION.</u> Se aprobó el relanzamiento de la Orientación en Venezuela y la renovación del convenio con la NBCC. Inc. Se eligió la sexta Junta Directiva Nacional de FAVO, presidida por el Orientador Gabriel Villa Echeverry.

- **2008 – San Juan de los Morros** - Guárico – <u>QUINTO CONGRESO VENEZOLANO INTERDISCIPLINARIO DE ORIENTACION.</u> Se aprobó la vinculación de FAVO a la Mesa Técnica Interministerial para el diseño del Sistema Nacional de Orientación.

- **2009 – Puerto Ordaz - Bolívar –** <u>SEXTO CONGRESO VENEZOLANO INTERDISCIPLINARIO DE ORIENTACION.</u> En el marco del evento se dio información oficial sobre los avances en el diseño del SISTEMA NACIONAL DE ORIENTACION, sus implicaciones y alcances. Se eligió la séptima Junta Directiva Nacional de FAVO presidida por la Orientadora Beksy Fereira.

- **2010 – Mérida - Mérida** - <u>SEPTIMO CONGRESO VENEZOLANO INTERDISCIPLINARIO DE ORIENTACIÓN,</u> En el marco del evento se firmó el convenio definitivo con la NBCC.INT para el proceso de certificación NCC-Venezuela con reconocimiento Internacional en el marco del I Simposio Internacional de Orientación en diciembre de 2010.

- **2011 – Maracaibo – Zulia -** Se programó para noviembre - diciembre la realización del <u>OCTAVO CONGRESO VENEZOLANO INTERDISCIPLINARIO DE ORIENTACIÓN</u> En él se presentaron los reglamentos de FAVO para el relanzamiento de la Orientación en Venezuela, La certificación FAVO – NCC – Venezuela del segundo grupo de Orientadores (40) con reconocimiento Internacional, y la elección de la Octava Junta Directiva Nacional de FAVO presidida por la Orientadora Beksy Fereira.

- **2012 – San Felipe, Estado Yaracuy –** <u>NOVEMO CONGRESO INTERDISCIPLINARIO DE ORIENTACIÖN.</u> En el marco del evento La Junta Directiva Nacional Ampliada acordó reanudar las actividades del RELANZAMIENTO DE LA ORIENTACIÖN SIGLO XXI en Venezuela y se fijó posición de desacuerdo con la forma como el MPPEU está implementando el Sistema Nacional de Orientación en base a una Red Nacional de Orientación sin Orientadores en el subsistema de Educación Universitaria. En el marco del evento se certificaron nuevos Orientadores.

- **2013 – Barinas Estado Barinas –** <u>DÉCIMO CONGRESO VENEZOLANAO INTERDISCIPLINARIO DE ORIENTACIÓN</u> Se aprobaron los reglamentos elaborados por las respectivas Comisiones Nacionales y presentadas previamente a Consulta Nacional. Se eligió Nueva Junta Directiva Nacional para el período 2013. – 2015. Presidida por la orientadora Doris Campos. Se Certificaron nuevos orientadores. Los Reglamentos aprobados para el relanzamiento de La Orientación:

  ✓ Red Nacional de Organización FAVO

  ✓ Red de Formadores de Profesionales de la Orientación

✓ Sistema Nacional de Formación Permanente FAVO

✓ Sistema Nacional FAVO de Asuntos Éticos y de Legislación

✓ Sistema Nacional de Supervisión FAVO

✓ Comisión Nacional de Certificación FAVO - NCC VENEZUELA

✓ Congresos Venezolanos Interdisciplinarios de Orientación.

En julio de 2013. El MPPEU creó la Mesa Técnica para la revisión de la propuesta elaborada y presentada por la Mesa Técnica Interministerial del Sistema Nacional De Orientación sobre el PROGRAMA NACIONAL DE FORMACION EN EDUCACIÓN MENCIÓN ORIENTACIÓN (PNFEMO) y PROFESIONALIZACION.

En julio - agosto de 2014 se realizó en Caracas, Distrito Federal y Estado Miranda el XI CONGRESO VENEZOLANO INTERDISCIPLINARIO DE ORIENTACIÓN "Diversidad e Integración en espacios y ambientes distintos a los convencionales. Retos de la Orientación Siglo XXI".

En el marco de este evento, se realizó el I SIMPOSIO ORIENTACION, DIVERSIDAD CULTURAL ÉTNICA INDÍGENA LATINOAMERICANA.

En julio de 2015 en Puerto la Cruz- Anzoátegui, se realizó el XII CONGRESO VENEZOLANO INTERDISCIPLINARIO DE ORIRNTACIÓN.

En el marco de este evento se eligió la Junta Directiva de FAVO, siendo electa Presidenta Irene Figueroa del Estado Yaracuy.

El próximo Congreso Interdisciplinario Venezolano de Orientación será en Maracay, Estado Aragua, una vez se supera la actual "situación País." Esta suspendido desde 2016 cuando correspondía, pero el impacto económico de la hiperinflación ha hecho imposible su realización.

4.- ¿Qué eventos internacionales de Orientación se han realizado con participación de la FAVO en Venezuela?

Eventos Internacionales.

- ✓ 1998- Maracay – Estado Aragua: Congreso Latino-americano de Orientadores.

- ✓ 2000- Valencia – Estado Carabobo: Congreso Mundial de Orientadores (AIOSP).

- ✓ 2002- Valencia – Estado Carabobo: Congreso de Profesionales de Orientación de los países Bolivarianos.

- ✓ 2005- Maracaibo – Estado Zulia: II Congreso de Orientadores de las Américas.

- ✓ 2006- Valencia – Estado Carabobo: Congreso latinoamericano de Formadores de Orientadores.

- ✓ 2010- Maracaibo – Estado Zulia. I Simposio Internacional de Orientadores – Se anunció la Aprobación del SISTEMA NACIONAL DE ORIENTACIÓN y se realizó la primera CERTIFICACIÓN FAVO NCC-VENEZUELA con reconocimiento Internacional. (32 Orientadores Certificados) Instalación de las seis Comisiones Nacionales para el relanzamiento de la Orientación en Venezuela.

✓ 2011.- Maracaibo - Estado Zulia en noviembre – diciembre- se realizó el VII CONGRESO DE ORIENTADORES DE LAS AMERICAS.

✓ 2012 – Valencia - Estado Carabobo – Simposio Internacional sobre Orientación Vocacional.

5.- ¿Qué está ocurriendo en la Orientación y su praxis social en el momento actual en Venezuela?

En el período 20015 – 2020 la agudización de las confrontaciones políticas en Venezuela, condujo a la determinación de las autoridades educativas del Gobierno Nacional a la suspensión de la implementación del Subsistema Nacional de Orientación en el Sistema Educativo. Al mismo tiempo, esta agudización en las confrontaciones políticas, tuvieron altos niveles de impacto en la vida económica del país, generando entre otras cosas: hiperinflación, desempleo, emigración, escases y deterioro de los servicios públicos lo que se conoce como "Situación País"

Esto de manera indirecta, ha afectado de forma grave a la Orientación y su praxis social.

1.- No ha sido posible realizar el XIII Congreso Venezolano Interdisciplinario de Orientación en Maracay en consecuencia se detuvo el periplo nacional y la realización de la Asamblea General de FAVO.

2.- El éxodo de jóvenes profesionales con título en Orientación, unido a los retiros por Jubilación y otras causas, no han tenido Profesionales de la Educación formados en Orientación para su relevo. En consecuencia, se ha incrementado el número de profesionales afines en el cargo de Orientador en todos los niveles y modalidades del Sistema Educativo.

3.- El instructivo 044 de 08-06-2015 del ME, buscó ordenar con carácter provisional la praxis de la Orientación en los planteles educativos, ordenando los roles tareas y funciones de los Profesionales de la Orientación en el contexto educativo. En su elaboración a través de la Coordinación Nacional de Orientación la Organización gremial presente en la Mesa Técnica Interministerial colaboró en su elaboración, a pesar de no corresponderse plenamente con el modelo de integralidad y los principios de inter y transdisciplinariedad recogidos en el Código de Ética de 2001.

La intención del Instructivo era de una temporalidad a mediano plazo, mientras se lograba que mediante la implementación de los Programas de formación PNFEMO y Profesionalización en Educación Mención Orientación, poder contar con el talento humano requerido para entrar en plena aplicación del Subsistema Nacional de Orientación, pero a postre, esta temporalidad dejo de ser, y ha pasado a ser definitivo.

4.- La eliminación de la Coordinación de los Programas de Orientación a nivel central y a nivel de las Zonas Educativas regionales, condujeron a la integración de los programas de Bienestar Estudiantil con los profesionales de disciplinas a fines. En consecuencia, la falta de Orientadores formados en la integración de los equipos responsables del diseño y de la gerencia en el desarrollo de planes y programas, ha derivado en el desdibujo de la Orientación y desconocimiento de los roles y tareas del orientador.

5.- El Ministerio del Poder Popular para reeducación en respuesta a la solicitud de la Orientación en todos los grados de los distintos niveles y modalidades del sistema de educación como primer requerimiento en la evaluación realizada en los años 2013-2014, diseñó en el nuevo currículo, implementado a partir de 2018 – 2019, la Orientación como asignatura y como actividades en todos los grados. Pero no formó talento humano para su desarrollo. En consecuencia, partiendo de una falsa interpretación del principio "Todo docente es Orientador" y fácilmente concluye "por lo tanto no es necesario el especialista", solo para atención remedial y entonces se envía a los Centros de Orientación para su intervención en los casos especiales.

Esto ha generado una grave situación de consecuencias no evaluadas por el MPPE. y por lo ya señalado en los puntos anteriores, colocando a la Orientación y su praxis social en el contexto Educativo, en situación similar al MPPEUCT, en donde nunca se han cumplido a cabalidad en todas las Instituciones Universitarias los Art, 83, 121 de la Ley de Universidades. En conclusión, la situación en la mayoría de las Instituciones Educativas es de tener "Orientación sin Orientadores" con todo lo que esto implica.

6.- Es importante resaltar los esfuerzos realizados por algunas Juntas Directivas de asociaciones regionales que continúan activadas en pro de mantener la actualización de sus miembros y compartir saberes y experiencias a través de la realización de eventos académicos. En particular en los Estados Anzoátegui, Barinas, Bolívar, Carabobo, Miranda y Mèrida y Zulia. En el Estado Güárico en Valle de la Pascua, la Orientadora certificada Ydania Dìas, ha realizado con mucho éxito, Jornadas de Orientación con participación de los profesionales de la orientación de varios

Estados. En cumplimiento del instructivo 044 de 06-2015 se realizan eventos en todos los estados para la celebración del dìa del Orientador.

7.- Finalmente, por feliz iniciativa de Hernaine Centeno y su equipo de Profesionales de la Orientación en el Estado Bolívar, los Orientadores del país participamos en la realización de un encuentro virtual para la celebración de la Semana del Orientador en 2020. El nivel académico y la activa interacción de los participantes desde distintas entidades federales, e inclusive desde el exterior, convirtió el evento en un verdadero Primer Congreso virtual de Orientadores en Venezuela, mediante la creación de un grupo por whats App con participación a través de ponencias y disertaciones de muy alto nivel académico, que propiciaron el intercambio de saberes y el compartir de experiencias en la praxis inter y transdiciplinario de la Orientación, al tiempo que facilitó y potenció la integración gremial de los profesionales de la Orientación.

CONCLUSIÓN

La visión compartida recogida en las páginas del presente trabajo, más que una expresión de una particular opinión, es fruto de un prolongado proceso a lo largo del tiempo, como puede observarse por los documentos que sirvieron de fuente para su presentación. Es importante señalar que es desde esa perspectiva un fruto colectivo, de muchos kilómetros recorridos por agua, tierra, y aire a lo largo y ancho del país y en repetidas veces. Con muchas personas y obras consultadas, en un trabajo continuo.

Esta visión es fruto de encuentros en diversidad de eventos, sin un autor con agenda singular o propósitos particulares distintos a la suma de los intereses comunes y compartidos, en torno de los saberes de la conducta en la construcción y desarrollo de la disciplina de la Orientación en su relación con otras disciplinas afines. Marcando cercanías y alcances de la interdependencia en la inter y transdiciplinariedad, y al mismo tiempo identidades y separaciones para las distancias propias en la relación con las otras disciplinas y sus praxis sociales.

Esta visión es fruto de logros y espacios consolidados en la lucha gremial en la construcción de caminos y en donde el autor fue uno de los muchos luchadores constructores de caminos para la Orientación y los Orientadores del país. De esta forma, no se puede concluir sin dar testimonio de especial reconocimiento a líderes como Blanca Margarita Hernández de García quien fue eje y motor en la realización de cada uno de los Encuentros Nacionales de Orientadores y de los Congresos Venezolanos Interdisciplinarios de Orientación.

En la relación con los Organismos Internacionales Julio González Vicepresidente de la Junta Directiva Mundial de la AIOSP y su equipo con Olga Oliveros y Omaira Lessiré de la Universidad de Carabobo y de manera muy especial el Dr. George Vera de la Universidad del Zulia, representante FAVO ante estos organismos y eje u motor de la Certificación FAVO – NCC Venezuela.

En la relación de la Mesa Técnica Interministerial con las Autoridades del más alto nivel nacional, Ministros, Consejo de Ministros del área Social, El Dr. Bernardo Ancidey, la Licenciada Carolina Moreno y el Dr. Juan Silverio, quienes, sin ser Orientadores y a pesar de las responsabilidades de sus altos cargos en el MPPEUCT. Tomaron el tiempo y la dedicación para acompañar a los expertos, paso a paso en el estudio y discusión de los distintos puntos y aspectos en la construcción de los documentos y luego la tramitación respectiva para su aprobación por el consejo de Ministros.

Reconocimiento especial debemos a Francis Serrano quien asumió con éxito la discusión, aprobación y firma de la Cláusula 30 el 11-03-2004 en la IV Convención Colectiva de trabajo – VII Contrato Colectivo de los trabajadores de la Educación dependientes del Ministerio de Educación y Deportes 2004-2006. Por tratarse de un logro de reivindicación en contrato colectivo, entra en el amparo del rango constitucional en el Art. 89 y sus numerales 1, 2, 3 y 4 de la Constitución Nacional de la República Bolivariana de Venezuela.

Finalmente es necesario, hacer reconocimiento a los líderes regionales y sus equipos, sin los cuales este trabajo colectivo de la Orientación y su praxis social en Venezuela, no hubiese alcanzado el logro de construcción de un gremio con lazos de unión y vínculos de fraternidad entre sus miembros, que hace para la mayoría, al hablar del gremio, pensar en la Familia de la Orientación. En donde la unidad permanece en el tiempo y la distancia, porque sus líderes construyeron los caminos de la Orientación con los pies en tierra, la Orientación en la mente y Dios en el corazón.

Dr. Gabriel Villa Echeverry.

BIBLIOGRAFÍA

➢ Asamblea General de la Federación de Asociaciones Venezolanas de Orientadores. *Código de Ética del Profesional de la Orientación*. En el marco del XXI Encuentro Nacional de Orientadores el 15 de junio de 2001 en Guanare, Estado Portuguesa, Venezuela.

➢ Asamblea General de la Federación de Asociaciones Venezolanas de Orientadores. *Proyecto de Ley del Ejercicio Profesional de la Orientación.* En el marco del II Congreso Interdisciplinario Venezolano de Orientación, el 20 de Julio de 2005 en San Cristóbal, Estado Táchira, Venezuela.

➢ Asamblea General de Orientadores. *Código de Ética del Orientador* en el marco del V Encuentro Nacional de Orientadores en junio de 1985 en Mérida, Venezuela.

➢ Asamblea Nacional Constituyente. 2000. *Constitución de la República Bolivariana de Venezuela.* Gaceta Oficial Nº 5.453 Extraordinario 24 de marzo del año 2000. Caracas, Venezuela.

➢ Bandura, Albert. 1997. *Psicología educativa.* Editorial Calpe. México. D. F.

➢ Bar-On, R. 2000. Emotional and social intelligence. Insights from the emotional quotient inventory, en: Bar-On, R. y Parker, J. *The handbook of emotional intelligence: Theory, development assessment and application at home, school and inworkplace.* San Francisco, CA: Jossey-Bass.

➢ Biedma, Carlos y D´Alfonso, Pedro. 1960. *El lenguaje del dibujo.* Editorial Kapeluz. Buenos Aires.

➢ Bisquerra, R. 2000. *Educación emocional y bienestar.* España: Praxis. Madrid.

➢ Bisquerra, R. 2001. *¿Qué es la educación emocional?* Temáticos de la escuela española, I (1), 7-9. Barcelona: Cisspraxis.

➢ Bisquerra, R. 2009. *Psicopedagogía de las emociones.* Madrid: Síntesis.

➢ Bisquerra, R. (Coord.). 2010. *La educación emocional en la práctica.* Barcelona: Horsori-ICE.

➢ Bruce Shertzer y Shelley Stone 1972 *Manual para el asesoramiento Psicológico,* Editorial Paidos. Buenos Aires P. 335 ss.

➢ Caligor Leopold. 1980 *La figura humana* Editorial Kapeluz. Buenos Aires.

➢ Corman Louis. 1986. *El test del dibujo de la familia.* Editorial Kapeluz. Buenos Aires.

➢ Díaz Silvina. y Sánchez Adelaida. 2006. *Carrera de técnicos para bioterio histología sistema nervioso.* Universidad Nacional Autónoma de México. Mexico D.F.

➢ Dollar, J. Miller, N.E. 1950. *Personality and psychotherapy.* McGraw Hill. New York.

➢ Ellis, Albert. 1962. *Reason and emotion in psychotherapy.* Harper et Row, Publisher. INC. New York.

➢ Erikson, E. H. 1968. *Identily: Youth and crisis.* Norton. New York.

➢ ESTATUTO PROVICIONAL DE EDUCACIÓN. Junta Militar de Gobierno. Decreto 139 de 25-05-1949.Caracas. Venezuela.

➢ Feldman, Robert S. 2005 Psicología con aplicaciones en países de habla hispana. Sexta edición. Editorial McGraw Hill. México, D. F.

➢ Fereira Emilio 1988. *El dibujo Proyectivo,* Material multigrafiado. – Curso de Estudios de Postgrado – Maestría en Orientación. LUZ Maracaibo.

➢ Finol M. y Camacho H. 2008 *El proceso de Investigación científica,* Editorial EDILUZ. Maracaibo, Venezuela.

➢ Frankl, Viktor.1963.*Existencial dinamic, and neurotic escapiem*. Harper et Row, Publisher. INC. New York.

➢ Freud Sigmund 1966. *La interpretación de los sueños*. Alianza Editorial. S. A. Madrid. España.

➢ Goleman, D. 2000. *Inteligencia emocional en la empresa.* España: Javier Vergara Editor, S.A.

➢ Goleman, D. (2004). *La inteligencia emocional*. Argentina: Distal S.R.L.

➢ Goleman, D. y Cherniss, C. 2005. *Inteligencia emocional en el trabajo.* España: Kairós.

➢ Gondra Rezola, José M. 1975 *La Psicoterapia de Karl Rogers*. Editorial Española Desclée de Brower – Bilbao. P. 302 ss.

➢ Hammer Emanuel 1980.*Test Proyectivos Gráficos.* Editorial Paidos. Buenos Aires.

➢ Holland, John. 1981 *Técnicas de la elección vocacional (Tipos de personalidad y modelos ambientales)* Editorial trillas. Cuarta reimpresión. México.

➢ Holland, John, 1992 *La elección Vocacional.* Editorial Trillas. Séptima reimpresión. México.

➢ Kock, Karls 1977. *El test del árbol*. Ediorial Kapeluz, Buenos Aires.

➢ Koppits. E 1976. *El dibujo de la figura humana en los niños* Editorial Guadalupe. Buenos Aires.

➢ Lazarus Arnold. 2000. *El enfoque multimodal. Una psicoterapia breve pero completa.* Editorial Desclée De Brower. España.

➢ Lazarus, R.S. 1991. *Progress on a cognitive-motivational-relational theory of emotion.* American Psychologist, 46, 819-834.

➢ Lazarus, R.S. 2000. *Estrés y emoción. Manejo e implicaciones en nuestra salud.* Bilbao: Desclée de Brouwer.

➢ Mayer, J., Caruso, D. y Salovey, P. (2000). Models of emotional intelligence, en: Sternberg, R. *The handbook of intelligence.* New York: Cambridge University Press.

➢ Mayer, J. 2001. "A field guide to emotional intelligence", en: Ciarrochi, J., Forgas, J. y Mayer, J. 2001. *Emotional Intelligence in Everyday Life.* Estados Unidos: Psychology Press.

➢ Mesa Técnica Interministerial. *Sistema Nacional de Orientación.* Noviembre 2009. Caracas, Venezuela.

➢ Ministerio de Educación. *Resolución Número 111* de fecha 1 de junio de1983 en Caracas, Venezuela.

➢ Montalvo A., C. 2010. *Tejido y sistema nervioso.* Universidad Nacional Autónoma de México. Facultad de Medicina Departamento de Biología Celular y Tisular Biología Celular e Histología Médica M.V.; Ms. C. B. Mexico D. F.

➢ Oppenheimer Andrés 2015. *! Crear o morir!* Grupo editorial Penguin Random House. Editorial Arte. Caracas Venezuela.

➢ Ortony, A., & Turner, T. J. 1990. . *What is basic about basic emotions?* Psychological review, 97(3), 315.

➢ Papalia, D, y Olds, S. 1986 *Desarrollo Humano.* Editorial Mc.Graw-Hill, México.

➢ Pérez Serrano, G. 1998.*Investigación cualitativa. Retos e interrogantes.* Editorial la Muralla S. A.

➢ Perls, F.S. 1969. *Gestalt terapy.* Verbatim real people press. New York.

➢ Plutchik, R. 1980a. *Emotion: A psychoevolutionary synthesis.* Nueva York: Harper&Row.

➢ Rogers Carl 1956 *Proceso de convertirse en persona. Ediciones Paidos. México.*

➢ Romero García, O. 1990ª. *Control personal, optimismo y superación de la crisis.* Memorias EVEMO 3: 400-405.

➢ Russell, J. A. 1991. In defense of a prototype approach to emotion concepts. Journal of Personality and Social Psychology, 60(1), 37.

➢ Solimán, M.E.P. 2002. *La auténtica felicidad.* México: Ediciones B.

➢ Shertzer, B. y Stone. S. 1991 *Manual para el Asesoramiento Psicológico (Couseling)* Editorial Paidos. Buenos Aires.

➢ Shweder, R. A. 1994. *Are moral intuitions self-evident truths?* Estados Unidos: Psychology Press.

➢ Skinner Burrhus Frederic. 1970 *Ciencia y conducta humana.* Editorial Fontanella. Barcelona España.

➢ Villa E. Gabriel. 2001. *El dibujo en Orientación Personal.* Editorial de la Universidad Del Zulia EDILUZ, Maracaibo, Venezuela.

- Villa E. Gabriel. 2004 *El dibujo proyectivo Como estrategia para el estudio de la motivación de la conducta de los alumnos.* Tesis doctoral. URBE, Maracaibo.

- Villa E. Gabriel. 2005. *El Dibujo Proyectivo en el Aula.* Editorial de la Universidad del Zulia. EDILUZ. Maracaibo, Venezuela.

- Villa E. Gabriel, 2009. *Transdisciplinariedad y Dibujo proyectivo en Orientación Grupal.* Trabajo de ascenso a Docente Titular. Facultad de Humanidades y educación. Maracaibo, Venezuela.

- Villa E. Gabriel. 2011. *Portafolio vocacional Del alumno o alumna, Instrumentos técnicos.* Editorial de la Universidad del Zulia. EDILUZ, Maracaibo, Venezuela.

- Villa E. Gabriel. 2012. *Inter-transdisciplinariedad y el dibujo proyectivo en Orientación.* Editorial de la Universidad del Zulia. EDILUZ, Maracaibo, Venezuela.

- Villa. Gabriel 2014-1 *LA PRAXIS SOCIAL DE LA ORIENTACIÓN EN VENEZUELA.* Artículo publicado en el Año 20 N" 2, (mayo - agosto 2014) Pág. 135 - 149 de la Revista OMNIA de la Facultad de Humanidades y Educación de La Universidad del Zulia.

- Villa E. Gabriel 2014-2 *LA INTEGRALIDAD EN LA ORIENTACIÓN VENEZOLANA.* Artículo publicado en el Volumen 21 N" 3 (sept. - dic. 2014) Pàg. 255- 266 de la Revista ENCUENTRO EDUCACIONAL. de la Facultad de Humanidades y Educación de LUZ. Maracaibo.

➢ Villa E. G. y Vera G. 2012. *Implicaciones Éticas en la inter y transdisciplinariedad en Orientación.* Investigación en Ciencias Humanas Estudios Postdoctorales. Vol. III Facultad de Humanidades y Educación de La universidad del Zulia. Ediciones Astro Data. Maracaibo.

➢ Villa E. Gabriel (2019) *MARCO LEGAL DE LA INTER Y TRANSDISCIPLINARIEDAD EN ORIENTACIÓN.* Editorial Académica Española. info@eae-publishing.com / www.eae- publishing.com

➢ Villee, Claude A. 2006. *Biología.* 8va. Edición. Editorial McGraw Hill. Mexico D.F.

➢ Vivas y Gallego, 2008. *La inteligencia emocional: ¿Por qué y cómo desarrollarla?* Consejo de publicaciones. Universidad de los Andes. Mérida. Venezuela.